Smile, please

和你，遇見最初的自己

黃湘云 著

真情推薦

真切的療癒路程，
要的就是與自己和解的那一刻！
共勉之。

——賈靜雯／金馬獎影后

人生如畫

——王浙／互聯網業者、創意總監、業餘音樂人

打開一張新的、白色的紙。看著它，腦海裡浮現一幕幕風景。每次看見新的、白色的紙，都感覺自己像個孩子，像孩子一樣看著世界，對每個場景都充滿好奇，什麼都想把它在白色的紙上畫下來，寫下來。

開始的第一筆，是一種緊張又興奮的感覺。不知道這筆觸接下來會勾繪出什麼樣的軌跡和顏色——最後的作品是美的還是醜的？完成還是未完成的？和想像的一樣嗎？

每幅畫都是一個故事，每個故事也是一幅畫。

二十三歲時，在倫敦南部出租屋裡的一個下午，我看了楊德昌的

《一一》，這是我對台北的第一印象，也是第一次喜歡上一個還沒去過的城市。後來我和這個城市有了很深的緣份，也是在這裡遇見了Melodie，第一次看她的畫，聽她的故事——畫和故事變成了她的第一本書，也是我第一次寫推薦文。

說到第一次，在《一一》裡有這樣一幕，男主角簡南峻和生意夥伴大田先生相約晚餐，席間大田問男主角：「為什麼我們都害怕『第一次』？每一天都是第一次，每個早晨都是新的，同一天也不會重複過兩次。每天早晨，我們也從來不會不敢起床，為什麼？」

一直對此印象很深，是什麼讓我們不再留意每一天的不同，又是什麼讓我們開始害怕「第一次」？

有些畫和故事，我們看到了一生的積累，堅實敦厚；有些則是感受到靈光一現，充滿想像；但有一種更難能可貴——那是一種對自我默默的堅持，這或許不是最美的、最舒適的、最有效益的，但卻猶如孩子的眼眸，一眼便透徹心底。

我想我們的人生也是由白色開始的，從無到有。每一筆都是第一次相遇，是選擇，是放手；是悲傷，是歡喜；是迷茫，是對抗……經歷和領悟是一雙永恆的孿生命運。這也是我喜歡 Melodie 的畫作和這本書的原因，在那裡可以看見的是經歷，也是領悟。

文字與畫，是世上最美麗的兩樣東西。迥異的人生交織出不同的故事和畫，有的像是印象派的精心策劃；有的是野獸派的意外情緒；有的是超寫實主義的瘋狂想像，而有些像是表現主義的隨興邂逅。讀畫如人，如人生。見字如人，也重新看見自己。

每個人的人生都是獨一無二的畫作和故事，我們隨遇而安，隨行識人，在這裡和你，遇見最初的自己。

踏上人生的旅程

——艾力克斯&李詠嫻／演藝圈模範夫妻

小時候，我父親就教導我：人生充滿美好的旅程，有些令人雀躍，有些則滿懷辛酸。他說這些旅程會形塑我的成長，並且不斷持續下去。他總說不要太注重旅程的結果，而應該從錯誤中學習、注意自己做得好的地方，並享受這段經驗。

我相信 Melodie 便是踏上了這樣的自我探索之旅，並在今日讓我們一窺她的所學。我們有幸能從她的成功與失敗中學習，並在面對自身成敗時借鑑她的經歷。

我們夫妻在 Melodie 留學回國後沒多久便與她結識，至今已將近二十年。她是個樂觀活躍又聰明進取的年輕女孩，當時她正接受培訓，準備成為林莉婚紗的接班人，領導由她優秀的母親白手起家建立起的婚紗王國。過去二十年來，她不僅接下總監的領導職，也成為了家族企業向新時代蓬勃發展的背後推手。

回想初識 Melodie 時，年輕的我們正要踏上如今已近二十週年的婚姻長旅。林莉婚紗和 Melodie 都是我們婚禮不可或缺的部分，也是這樁令人永生難忘的美事讓我們齊聚一堂。經年累月，隨著我們的婚姻持續成長，我們與 Melodie 的友誼也愈來愈深厚。

Melodie 在書中提到，她時常與走進店內的年輕情侶建立深厚的友誼，而我們就是與她結為摯友的情侶之一。她是我們女兒 Makayla 的教母，我們相信她能成為女兒的人生導師。我們認為 Melodie 是個擇善固執又富有愛心的人，這些特質值得所有人學習。Melodie 的體貼忠誠、善良熱情，讓我們非常榮幸結識了這位妹妹。Melodie 願意在本書中分享她的旅程正體現了她的成長，而她在書頁中坦然回顧與憂鬱症纏鬥的過往更是勇氣可嘉。

這些人生歷程讓她從靦腆少女綻放成一位優雅聰穎、受人敬重的熱心領袖。我們與她一同共度的這些旅程，她如今將與讀者分享。祝閱讀愉快，我和詠嫻希望大家能從她的故事中獲得啟發，並在未來某天踏上屬於自己的生命探索之旅。

用光照亮黑暗，活在愛裡

——洪曉蕾／台灣名模

和 Melodie 相識，記得是十六年前在中山北路上的「林莉工作坊」。對於拍過無數婚紗雜誌目錄的我來說，要挑選心目中唯一的幸福白紗，確實是有些難度的，看著一件件美麗的夢幻禮服，心情有點小緊張、小興奮和小慌張，畢竟是自己的結婚禮服！心中不斷出現獨白：「我是真的要當新娘子了……」

這時有個大眼睛的漂亮女生，用自信親切的笑容和我打了個招呼。頓時我不知所措的情緒完全退散，她給了我溫暖安心的感覺，對！這就是 Melodie。

有著沉穩個性的她，急性子的我見了也瞬間平緩。哈哈哈哈~我想那也算好朋友的「一見鍾情」吧！Melodie 有著獨特的藝術天賦、創新的思考模式，在整合林莉婚紗專業團隊的執行下，終於圓了我完美夢幻的婚禮！在這甜蜜又繁瑣的過程中，很幸運地交到了一位益師亦友的好姊妹，更感恩林莉老師一路上耐心地在旁陪伴著我們成長。

似乎人一生下來就不斷地在解決事情，這些年我們一起經歷了許多：從親情、友情、事業、愛情、婚姻、孩子教養、人生規劃……種種大大小小的事無所不談，也無需刻意迎合。我們各自分享生活中的小細節，每一次的見面都是這麼的抒情坦蕩，甚至理直氣壯地大哭大笑，彼此真的是疲憊生活中的解藥，真心希望對方成為更好的大人。Melodie 常常鼓勵著我要尋找勇氣來面對生命中的變化，而真正的信心正是還沒有看到證據便願意相信。《聖經》裡有這一句話：「在信的人，凡事都能。」我們真的需要這樣的信心和勇氣來往未知前進。

從 Melodie 的人生故事中，看到了她的堅持與努力，而她願意赤裸裸地揭露生命中的這些過程，也是勇氣的另一種展現，是每一位讀者都可以從中學習的。我們經歷的每一個創傷與痛苦，其實都是來造就我們的，正因為如此，我們更要用感恩的心，來面對生命的中所有的一切。

當你逐頁翻閱本書時，你會看見她那露骨的真誠、直率的個性，毫無保留地呈現在你眼前。在面對心中那股黑暗面來襲時，我們可以用幽默斬斷過去的情緒包袱，用積極的態度來轉化自我，用光照亮黑暗，活在愛裡，使我們成為一個充滿力量與勇氣的女性。

說到職場上的 Melodie，她永遠在學習，對工作保持敬畏和熱情，持續地思考和改進，超前計劃一切。在創造公司價值的同時也快速地成長，對於自己在公司特殊的身分，很快的找到定位，希望把團隊帶得像家的感覺，盡心盡力地營造公司良好的氛圍。正是這樣的經營管理，她的同事因期許而出色，她的同事因重視而忠誠，她的同事因分享而成長，一起創造「LinLi Boutique 林莉婚紗」更美好、更幸福的未來。

我愛這本書，它讓我學會接納自己並愛自己的一切，人生沒有標準答案，只能不斷地自問自答，不受限地讓未來有更多的可能性。

最重要的是，我愛妳，Melodie！

這本書讓我們獲得了真正的自由和釋放。這本書深深地啟發了我！

我們一直都會好好的……！

一段大愛溫柔的旋律

——孫嘉蕊／東森新聞台副總

一個小丑洋娃娃，當六歲的小女孩想媽媽的時候，就按小丑鼻子，讓音樂撫慰心靈，她不敢哭。父母親離異了，她被送到祖父母家接受隔代教養。

接著一個十幾歲的少女，被母親強迫送到國外唸書，沒有經過溝通，只有單向設想，少女離開只有祖父母的家，好不容易和母親有了短暫的美好時光，又被迫孤獨。幸好上帝派來天使，有溫暖的長者，擔任起媽媽的角色，猶太背景的美國媽媽，教導她更多人文、音樂、藝術的涵養，更重要的是給她滿滿的愛，填補她過去的歲月裡，愛的黑洞；日本男友為她帶來生命的陽光，美國的求學經驗，釋放了她的靈魂，生命像棉花糖、冰淇淋，生命的旋律，在這一段青春澎拜。

從美國回到台灣，她面對的是母親已經在台灣打下婚紗品牌的名號，林莉婚紗卻不像外人所見的永遠高峰，它曾面臨員工集體出走的背叛，營業額的巨大下滑。當女兒的，同時被視為接棒的第二代，但她沒有特權地從基層做起，溫柔細膩地幫助每一對新人，三十歲不到的她，用英國學得的系統知識，大量閱讀企業家的經營方法，她把林莉婚紗帶向另一個高峰，但同時也被迫放棄心愛的日本男友。命運常讓人沒得選擇，又常叫人被迫選擇。她總是默默承受生命給予的承擔，只看好的那一面，內在的壓力被壓在底處，好深好深。

經歷父親的走，從小隔代教養視她如親女的阿公也走了，美國媽媽也去了天堂。她曾經不斷接受生離，但沒有這樣的死別。加上企業的營運壓力，憂鬱症找上她，無聲無息，卻又有跡可循。任何一個人都可以在她類似的生命斷點，沮喪、放棄、把所有挫敗推給命運，但她沒有，她總是正向地告訴自己要堅強，總是忍受孤單，再享受孤單。外表看來，她沉穩地處理生命每一道隨時可以讓人崩跌的課題，然後還要告訴自己，要學鯨魚一樣，游得深，游得遠。累積壓力的爆發，勾引她回頭檢視生命裡的每一道傷痕。又用堅強的毅力從憂鬱中站起來，投向上帝的擁抱，溫柔地撫摸一道道傷疤，將其變成勇敢的印記。

Melodie，生命如此巨大的周折起伏，在二十五歲勇敢單飛英國倫敦，挑戰全世界最難的時尚藝術學院，一年完成課業。她說她喜歡像「超級瑪利歐」遊戲一樣，不斷地設關破關，在經營管理品牌的過程裡，不是樣樣順遂，但她學習偉大管理者的眼光、謀略，還有重要的氣度。她夾在強勢的創辦人母親和員工當中，總監的名號，不是只有外人看到的光鮮亮麗，實則艱辛難道。因為對時尚的使命、對藝術的追求、對幸福的嚮往，她從一個只知道看績效的管理者，蛻變成一位懂得傾聽，帶著團隊往上成長的經營家。

正當一切都步入正軌時，憂鬱症又如鬼魅般回到她身邊，我沒有看過如此自律的人，連處理憂鬱症這麼折磨身心的難題，都能一步步地知道自己該做什麼。書裡有一部分討論憂鬱症的課題，那是她經過無端的顫抖，不停地哭泣，沒有邏輯的、只有自我導航的痛苦經驗裡，轉化而成的經驗分享。她努力尋找可以讓自己更好的方法，找人傾聽她的心聲，運動發洩她的體力，每天聽講道，讓心思意念不要墜落。於是她這次只服用了極少的藥物，勇敢地面對憂鬱症再次地來襲。

為什麼要寫書？如同她在無學自畫的領域裡，用天生美學的基礎，和用畫自我療癒的不斷練習，十年下來，她開了畫展，義賣所有所得捐做公益。畫展很成功，除了對自己繪畫的肯定，她更感動的是參觀者在看過畫後，告訴她對畫的感受，有時候會勾起類似的創傷，重要的是撫慰了觀畫者的心靈。她知道自己的使命不只是一個品牌的經營，而是生命歷程的分享，如此滋潤更多人的身心靈。

大家都聽說林莉婚紗，卻很少人知道Melodie，如同她的英文名字，對每個人，人生都像是一段旋律，看你怎麼吟唱。Melodie的篇章裡，有成長的哀愁、工作的艱難，但也有生命的喜悅，以及品牌經營的經驗裡，對社會新鮮人和管理者最好的建議。請細細閱讀、慢慢體會，一個叫 Melodie 的女孩，自稱是小小，看芸芸眾生，是一段大愛溫柔的旋律。

傾聽初心

——張其中／早安設計事務所主理人

很恭喜 Melodie 完成了她的第一本書，內容中有很深刻的自我覺察，一路的心路歷程，從生長過程到求學、就業，在家庭與工作中，如何調整與定位。

看完有很深的體悟，我自己身處在傳播文化、廣告設計的圈子，算算也有二十年；美學產業約略五～八年。討論的議題與風向都會有一個循環，會因處在每個不同的當代，而有不同傳播方式與不同的創作者本身展現不同當代的手法。在這八年中，開始愈來愈明顯看出，台灣的年輕創作者設計師從不同地方展現出生猛的主體文化。巧妙地界定與觀者的關係，在如何展現對議題的想法與表現手法遊走。

「創作過程是很過癮的！讓人上癮！」很明顯地感受到這一代有一

個很不同的現象，就是當代的設計師愈來愈注重動機和熱情，很強調所謂的「我對這個有興趣」與「不同地方給我的意義與脈絡」，這是很棒的現象！同時愈來愈注重對議題的探索與話語權，勇敢表達自己對於議題的想法。

品牌也從傳統行銷談論消費者行為、如何訴求創意的展現方式，轉變到現在我們在談的「影響力」，更加重視設計師對議題的能力，並希望藉由設計師的角度從地方議題與社會永續議題。探討品牌溝通的元素可以如何產生脈絡，進一步探索下一步的執行方案。所關心的設計更著重在實際面，可以真的做出什麼、產生什麼影響，而非平面美學語言的重構或傳播！

這些高敏感度的設計師，承受著與我們想像不到的壓力。以自我探索的方式，在文化脈絡中找出可用的符號加以演繹，追求著自我與外在的肯定、成功的光環與人氣流量的關注。他們無時無刻以透支的方式，強迫自己更專注，在與不同文化背景的人合作時，更需要調整到同頻。

這些挑戰只會愈來愈快速，漸漸地目標轉變成更棒的作品或團隊的溝通，很容易失焦在想要「追求」與「證明」什麼？一不小心自己被消耗，迷失與凋落，困陷在疲於奔命的時間而不自知！

因此這本書，很適合給我們身旁高敏感度的設計師或是經驗豐富的主理人，累了的時候、迷惘的時候，回頭想想自己的初心時，用減法看看自己的周遭生活，調整自己的節奏，聽聽自己的聲音！

也適合給予每個父母，你的尚方寶劍可以決定小孩教育，給予不同思想與習慣的框架時，不妨多一些「同理心」溝通和傾聽孩子的意見！因為這些都會影響孩子的未來。

如果你的孩子也是高敏感族群，也長大了，正在從事這一個產業！更應該看，很多你不解的事或覺得奇怪的地方，讀完自然就會有答案了。

用沒有標籤的眼睛，感受到每一個獨特的靈魂

——陳昀平／新加坡商艾得克有限公司台灣分公司
PeopleSearch Taiwan Managing Director

認識 Melodie，是在她青澀的二十歲，穿著吊帶褲、活潑爽朗的笑聲下，帶著一絲絲的成熟和懂事。這個剛從美國念書回來的漂亮女生，很快地被大家貼上富二代和 ABC 的標籤，她很耀眼，但同時也很羞澀，實在讓人沒辦法為她黏上那些標籤。

生命本身就是一個奇蹟，Melodie 的故事裡，每一個選擇充滿了苦澀，卻也充滿了喜悅、勇氣和信念，幫助她渡過人生的坎坷。

這些勇氣和信念，也是我在幫助企業尋找合適人選特別需要的特質。

現在的求職者要求工作和生活平衡、要求異地工作，其實在我看來，整個職場的環境，是在於如何理解一個組織共同要達到的目標是什麼，了解自己在團隊中扮演的角色，並盡全力的把角色扮演好。當每一個人都能夠做對公司最大利益的決定，或者是直言提出幫助公司進步的論點和行動，對於我來說都是非常重要的特質。

我在獵人頭的領域從業十六年來，我最喜歡問每一位候選人，你為什麼離開上一份工作？你為什麼加入一個新的公司？當我細細地問、靜靜地聆聽，總是能夠從過程中分辨一個人的價值觀，以及「他是誰」。因為每一個選擇的背後，充滿了故事，在聽過無數個人生故事中，每個故事中總是聽到勇氣、嚮往、害怕、迷惘和不確定，可是大家還是在每一次的行動中，找到興奮和有趣的事情支持自己的動力，這些故事其實滋養了我做獵人頭的人生。

EQ（情緒商數）的確是在職場這個跑馬拉松中，可以定義你可以跑多遠的一個重要技能之一。現在的社會步調真的很快，手機的通訊軟體不斷地溝通各式各樣的要求、交代事項，還會常常無意識地打開社交軟體，更新一下大家的生活或是心情。每天累積的感覺像海浪般來來去去，這些無意識的情緒，若沒有妥善的處理，它就會在夜深人靜的時候轟炸我們的心靈。有老闆給評價、有客戶追著還沒完成的事項……這些聲音逐漸長成一個阻礙我們的大關卡，憂鬱症、自律神經失調等等，很多文明病接踵而來。

我常常問同仁：「你跟結果的關係好不好？」如果你會因為成績好不好而左右了你的心情，我會非常擔心他們陷入情緒的沼澤。其實生命是很有韌性的，這些小小的挫折如果能夠有清晰的心智，以及真誠的行動，我們總是能夠輕易地站起來。

《和你，遇見最初的自己》是一個找到自己的療癒過程，Melodie用畫畫表達自己，認識並理解自己的情緒，找回自己的感動，定義了她自己。當我們用一個沒有標籤的眼睛看世界，便可以感受到每一個獨特的靈魂。

一個真摯動人的女性成長典範

——盧凱蒂／倫敦藝術大學台灣招生處代表

我永遠記得第一次跟 Melodie 相識的場景，是二〇〇六年一場在英國文化協會的倫敦藝術大學招生說明會上。當時有位女性聽眾很令我印象深刻，不僅氣質出眾，從她的眼神當中可以感受到她的求知慾還有渴望，在說明會的過程中很專注地做筆記，並且在會後很認真地提出問題。

一年之後，她順利地申請上倫敦時尚學院的研究所課程。對我而言，她就像是顆宇宙中寂靜而耀眼的星星，散發出自己的光芒。她下定決心要去英國留學的當下，已經有累積足夠的時尚經驗與專業，但對於時尚婚紗產業持續精進的動力，促使她做這樣的決定，並以優異的成績完成學業；在充滿國際化的英國倫敦環境進行學習是件不容易的事情，尤其是學校中許多歐美同儕比我們亞洲人更早接觸到時尚的薰陶。

十五年過去了，我跟 Melodie 的緣分即使在她倫敦時尚學院研究所畢業之後仍持續維持，她真誠、念舊、有同理心而且樂於助人。內在一直有股正向的力量，持續地將能量影響他人，即使生涯歷經了許多的掙扎還有挑戰。生命當中的經歷，成就了如今的她——做事明理果斷又兼具同理心，這樣的人格特質是很與眾不同。

我認為 Melodie 勇敢及堅強，她選擇將過去內心世界，透過這本書來揭露並且跟大眾分享，願意跟他人承認自己的脆弱很需要勇氣。或許在外人眼中，Melodie 是經營林莉婚紗事業很成功的企業二代接班人，但今日的她，是因為童年時父母離異，被迫需要早熟、善於觀察還有獨立，十五歲隻身到異國求學，正值青春期被迫與在台的親人分開，獨自面對非母語的教育體系、異國文化的衝擊，對於當時十五歲少女不是一件容易的事情，但也造就她人生閱歷的廣度與寬度。

在美國完成學位之後，比起追求他人眼中的「自由」，Melodie 選擇回到台灣與母親林莉老師打拚婚紗事業版圖。正如同她自述的：「回媽媽公司上班，從不在自己計畫之內」，但林莉婚紗事業這個舞台似乎命中注定挑選了她，在事業經營遇到瓶頸時，也是她的危機處理使企業經營逐漸步上軌道。很欣賞她在書中分享，女人不應該為男人而放下書本，唯有持續地閱讀跟學習，才能內化自己的魅力。

可以了解這個世界對女人都有種既定的「標籤」，Melodie 從事婚紗事業經營多年，見證許多新人的故事，自然對於現代女性生活及婚姻有獨到見解。喜歡書中提起：這個世界已經有太多偉大的夢想了，只要這個夢想是屬於你自己的，能活出自己喜歡的方式，就足夠了！

我相信大家可以藉由此書，可以一起經歷 Melodie 的成長，從中感受到她的心路歷程，一同找回遺失的自己！

初衷，是一生中最珍貴的禮物

——顧其芸／新生命小組教會主任牧師

我看完了這本書，書中內容非常精采，Melodie才華橫溢，年紀雖輕但人生經歷非常豐富。這是一本值得細細品嚐的好書，推薦給每一個人！思來想去，我想要送給Melodie與所有的讀者一句《聖經》經節，《詩篇》第二十三篇第一節：「耶和華是我的牧者，我必不至缺乏。」

這本書你會看見一個努力尋找自己的女孩，一路上經過非常多衝突與挑戰。但因為「信」，所有在生命中的挑戰就能迎刃而解，她能披荊斬棘繼續前行。因為上帝的安排，生命不是白白受苦、一場虛空，每一段經歷都有等待你去發掘的答案。

一個簡短但豐富的經歷，帶給人們希望與盼望，我想是這一本書的目的。不要因為失敗而放棄、不要因為眼前的狀態而做出錯誤的評斷。人生是一個豐富的旅程，一路上會遇到許多天使，也會遇到撒旦。但神會賜給人智慧，讓我們能懂得判斷與作出選擇。

在這資訊充沛的世界中，能夠找到屬於自己的初衷，是一個人一生中最珍貴的禮物。這一路上，我們永遠都不會是一個人，因為有天父上帝做我們的牧者，引領我們走向祂為我們安排的豐盛宴席。

楔子

位於仁愛路圓環挑高兩層樓的旗艦店，櫥窗展示著一襲襲國際精品品牌的禮服與手工訂製婚紗，這是我工作的地方，也是我母親的畢生心血——她一手打造的婚紗王國。

每天都有許多新人與家庭進來我們店裡，和我們的團隊討論婚紗照的風格、挑選婚禮禮服。而我們的準新人們大多相當年輕，平均年齡落在二十三到三十五歲。此外，來我們店裡的客人，幾乎都是慕名與口碑介紹而來，他們追求專業到位的服務、高質感的禮服。經過顧客市場電訪調查，我們的客人有七〇%都頂著碩士以上的高學歷，他們雖然在各個專業領域中有卓越的成就，卻絲毫沒有半點驕傲的氣息，不僅態度十分謙和有禮，也非常尊重專業團隊提供的禮服、攝影與造型建議。服務這些客人對我來說是一種享受，我也和很多客人漸漸變成了知心好友到現在，讓我非常珍惜與感謝能夠擁有這些緣分與真摯的友誼。

在工作中，時常會遇到母親陪同心愛的女兒挑選婚紗。媽媽們在布簾前等候的目光，經常觸動我的心，那一刻期待、愛慕的眼光，是我看到的感動。有時，遇到在等待女兒換裝的媽媽，我會好奇地問她們：「阿姨，身為一個媽媽，這過程走來，可不可以跟我分享你的心情？」

其中，有個阿姨的回答十分讓我印象深刻，她說：「能夠一路陪伴我的孩子在不同階段成長，是我最欣慰與快樂的成就。」從她滿面欣慰的神情，我可以感受到她裡頭豐沛的母愛，那畫面讓我覺得極美。

我喜歡看見店裡的客人臉上流露出滿意的笑容，也喜歡看著一對對新人在討論過程中彼此相視微笑，散發幸福的光芒。除了能夠感受到父母陪伴孩子成長、看著兒女即將成家的欣慰和滿足，我也很期待看到新娘子在經過再三挑選、反覆調整後，終於穿上自己夢寐以求的白紗，以無比自信的眼神望著鏡中的自己，非常篤定地說：「這就是我要的命定婚紗。」那一刻，新娘都會有一個如釋負重的安定面容與心情。我想就是我們服務到位的時刻。

我明白，要找到命定的婚紗、找到命定的伴侶，都是一件不容易的事。能夠果決地說出「這就是我要的！」短短幾個字，實則需要非常大的勇氣和力量。特別是女孩，要能夠清楚知道自己要的是什麼，相當不容易。在成長中的每個階段，經歷學校學習、工作經驗、人際關係、婚姻家庭的過程，我們在不同時期都會有不同的追求。然而，「知道自己是誰，與要追求的是什麼」，這應該是我們人生最重要的一份追尋，但我們卻往往迷失在生活的迴圈和社會的主流之間，搞不清楚自己心之所向，亂了步伐而迷失自己。

小孩子對於自己要的是什麼，是非常敏銳直率的，二、三歲的小孩可以毫不掩飾地說出「我要糖果」、「我要抱抱」、「我愛你」……但是當我們長大了，就愈來愈容易陷入迷惘。儘管我們知道自己「不要什麼」，卻不清楚自己「真正想要的是什麼」，或者即使我們很清楚，也未必能夠說出口。

漸漸的，我們活在別人眼光的標準下，被束縛在功成名就這個普世的價值觀裡，社會告訴我們：「要好好讀書」、「要好好賺錢」、「要結婚生子、成家立業才是圓滿人生」……我們使盡全力不停地往上爬，想要讓自己活得更好，好不容易到達顛峰，卻赫然發現：這真的是自己想要的嗎？所謂的「幸福」，究竟是建構在什麼樣的標準？如果別人眼中的「幸福」不能讓自己感到快樂，那麼什麼才真的值得我們去追求？要如何才能真正活出自己想要的幸福？

二〇二一年四月，我和瑞士銀行攜手，在台北的索卡畫廊（Soka

Gallery）舉辦了人生中的第一場公益畫展，展出我作畫十年來的作品，並將義賣所得捐贈給公益單位，因為我相信只有教育可以開拓新的視野，與建構自我判斷能力，追求夢想。我把畫展取名為「小小——失而復得」（little｜lost and found），展覽中的每幅畫都記錄著我自己的成長歷程。

畫展開幕當天吸引了許多人前來參觀，展出的畫作除了幾幅非賣品之外，其餘的皆被下訂收藏，購買的原因都成了我珍藏的記憶。我看見有好幾位朋友站在我的畫作前，專注地凝視著畫，默默流下眼淚。他們說，我的畫中有靈魂和溫度，我的畫與文字觸動了他們的心。

畫展開幕典禮結束後，有朋友留言給我：「恭喜你的畫展超級成功！很高興見證了你的一些生命體悟與歷程，你的畫真的很不一樣，豐富的色彩中感受到寧靜，寧靜中看到喜悅和光。」

「謝謝你有故事的畫，讓我的心跟靈都被療癒和滿足，也啟發我新的想法與思維。」

「謝謝你的畫撫平我的傷痕，溫柔又有力量。」

一封又一封累積到將近百封的溫暖訊息湧入我的手機中，我很意外，也相當的動容，我的畫竟然激起了這麼大的迴響；但或許，我不該感到意外，因為這裡的每幅畫，都是我生命真實的刻痕產生的共鳴，人一生在尋找的、失去的，或許也曾經擁有。

這系列的作品記錄了我從十年前，從一個家庭破碎、找不到自我定位的女孩，長大後獨自被送到國外讀書、在異鄉飽嚐孤單，後來飽受憂鬱症侵擾，一路蛻變成現在這個勇敢、真實、心中裝滿愛與平和的我。

十年來，我透過畫畫與心中的小小女孩對話，細數生命中的傷痛，也用畫筆撫平傷痕，療癒憂鬱低谷，而在畫展中，我發現好多人都有和我經歷同樣的傷痛，透過畫筆與調和出的色彩，療癒我對未來的期盼與幻想下，竟也不知不覺療癒了他們！

因此，我想要進一步用文字來訴說我的故事，分享我那充滿挑戰也充滿恩典的成長過程，或許能給現代年輕人一些面對難題的智慧，為做父母的人帶來一些啟發，為教育體制帶來一些反省，我更期待能讓每一個人都看見希望，讓每一個人明白：**無論出身背景如何，我們都可以為自己寫出更美的人生故事**。如同時尚大師可可．香奈兒（Coco Chanel）的名言：「我的人生並不如我所願，所以我創造自己的人生。」

我花了好長的時間去認識我所不認同的世界，透過大量閱讀與學習下，才逐漸摸索出自己的見解與真正想要的是什麼，這讓我獲得全然的自由和滿足，但是我發現，許多人並不像我這麼幸運，有機會可以探索自己的心靈，認識自己獨一無二的本色。

尤其是在台灣傳統教育體制中長大的孩子，往往被培養成「能夠第一秒回答出標準答案，卻沒有自己的想法」。曾經有一段時間，我在機構擔任志工，義務教一群六至十歲的八個小女孩畫畫，教了半年以後，我覺得十分挫折，因為不管我問她們什麼，她們總是回答：「不知道。」她們不是沒有想法，而是擔心自己的想法不夠好、不是標準答案，所以寧可回答不知道。

但將近一年半的學習下，她們每一個人都是獨立的個體，透過創作，我能夠體會她們每個人不同的個性與喜好。我開始用不同的方式來引導她們，去「探索答案」，讓她們學會自己找到方法，漸進式地認識自己與發掘自己的熱情。

藝術是無止盡的創造與希望，是人與社會的價值觀限制了它的發展；每一個人的人生原本沒有框架，是人內心的恐懼與他人的眼光，侷限了生命的形狀。

人生與藝術，都沒有標準答案，如果想要走出一條不一樣的路，你需要有被討厭的勇氣，也需要給自己嘗試錯誤的機會，方能找出自己熱情所在，進而努力不懈。

能不能讓我們都活得更自由、更豐盈？能不能讓我們都能勇敢的表達與表現，讓天賦綻放，無所畏懼也與世無爭？

身處幸福產業第一線，我見證過上萬對新人披上白紗，踏出成家的第一步。有些新人從此建立美滿的家庭，也有不少新人和我的父母親一樣，走上了離婚的路。每個婚姻和家庭的背後，都是無數的選擇。無論是單身或結婚、堅持或結束、有沒有孩子……請記住，**你的幸福，只能由你自己來定義**。在這個世界上，沒有另外一個人能夠告訴你你想要的是什麼，除了你自己。而我們所要學習的，就是誠實地面對自己，寬容地對待他人。

在這個複雜的世界中保有真摯的初心，原本就是一件不容易的事。但願在未來那些漫漫迤長的日子裡，每一次你看著鏡子，都能遇見最初的自己；但願面對人生無數抉擇時，即使明知道可能會犯錯，你都能沒有遺憾地說：

「對，這就是我要的，這就是我的決定。」

Melodie

目次 Contents

II 與憂鬱共存的日子

III 二代之路

IV 婚紗與女性

I

童年記憶與成長

記憶中的第一個味道

記得第一次受邀到畫廊看藝術家的畫展，是去參觀日本藝術家飯田桐子的專展。畫廊好友跟我說：「每一幅畫都是獨特的個人體驗。」我站在其中一幅畫作前，看見一個穿著白衣、雙眼泛淚的小女孩在雪地上孤單地站著，這幅畫深深地打動了我，心酸的感受直到現在我都還記憶猶存。

藝術像是一面鏡子，映照出每個人不同的內心世界。我在小女孩孤單的身影中，看見了自己的童年。

六歲以前的我，和大多數人一樣擁有一個幸福的家庭，所謂「幸福的家庭」，就是有爸爸、有媽媽、有個能夠遮風擋雨的家。

我記憶的開端約莫是在三、四歲的時候，我們家住在台北市羅斯福路的一處寓所，家境優渥，家裡總是布置得很漂亮。還有一個獨立的房間，裝滿了我的玩具，我擁有滿山的玩具，其中不乏昂貴的進口娃娃，還有一台偉士牌電動機車，唯獨缺少了玩伴。我爸爸是家中的長子，我是長孫，也是獨生女。記憶中，家裡的牆好高，陪伴我的是這些玩具與高牆，那時我只有一個問題，為什麼只有我一個人？對身邊事物總是充滿著好奇。

我的媽媽長得很漂亮，對於風尚的掌握度高，體現出每個年代代表的風格與時髦感。而我記憶中的第一個味道，就是媽媽口紅的味道。媽媽的口紅顏色鮮豔又美麗，有一天，我突發奇想，用媽媽的口紅畫滿了整面牆，這應該是我人生中的第一幅畫作。

當媽媽看到我的大作，她竟然驚訝地大叫，她的叫聲尖銳又高亢！

這是我第一次體驗到，原來藝術可以如此震撼人心；我同時也明白，不是每一個人都懂得欣賞我的藝術。

當時媽媽在一間公司擔任總機人員，每天固定上下班，工作時間非常規律。相較於媽媽的井井有條，爸爸顯得隨興而浪漫，爸爸經常很晚回家，而我都會等他回來，陪爸爸一起看武俠連續劇看到深夜，隔天爬不起來，上學經常遲到。但記憶中，與爸爸的相處總是讓我開心到眼睛笑成月彎狀。

媽媽說，我小時候長得傻憨憨的、皮膚很白，非常討人喜歡。但事實上，我的內心非常纖細敏感，是個安靜的觀察者，我總是不停地觀察身邊的人事物。才四、五歲大而已，我在幼稚園就已經感受到同儕的壓力，我會去觀察老師的喜好，我可以從別人的眼神去探知他的想法，記性好又早熟的我，像是一個海綿，不斷吸收著這個世界給我的訊號。

六歲時的某一天，我和平常一樣，被送到阿公阿嬤家玩。以前我偶爾會到阿公阿嬤家，玩到天黑了，爸爸媽媽就會來接我回去，但這一晚，天色已經很暗了，他們卻遲遲沒有出現。

我個子很小，站在大門邊的窗戶前，一直等一直等，等著要迎接來接我的爸爸媽媽，但是我沒有等到。

那天我知道，不會有人來接我了。我就這樣被丟掉了……

當我在畫展中看到那位雪地裡的小女孩，我就好像看見了當年站在窗前的自己，哀傷、無助，滿是傷痛。

我有眼淚，卻哭不出來；我有好多的問號，卻不知道該如何表達；我有滿腹委屈，卻沒有出口；這不是我想要的，但是我卻沒得選擇。

從那天起，我獨自和阿公、阿嬤一起開啟了隔代教養的生活。

從那天起，我再也沒有家了，也看不到我的父母。

漸漸的，我從大人的談話中知道，因為我爸爸生意失敗，欠了債務，他只好把我送來這裡，讓阿公、阿嬤照顧我，自己到外面去拚事業。

那我媽媽呢？我好想念她，想到睡不著覺，想到連做夢時都在無聲流淚，想到每天都幻想著她下一刻就會出現在我面前……為什麼她還不來找我？

我不知道媽媽做錯了什麼，但是只要我一提起媽媽，阿嬤就會生氣，沒有人能夠告訴我媽媽去了哪裡，我就在毫無預警的情況下，一夕之間成了沒有爸爸和媽媽的孩子。

當時陪我來到阿公阿嬤家的，是我握在手裡的粉紅色小丑的音樂玩具，我還記得它穿著粉紅色的衣服，頭髮是和奶油一樣的黃色，頭上戴著圓點的帽子。只要按下它的紅鼻子，就會有音樂揚起，那是一首用古典鋼琴彈奏的曲子，曲調唯美哀傷，就像是我說不出來的心情，六歲的孩子不曉得什麼是「深度的哀傷」。每次想媽媽的時候，我就會按下小丑的鼻子，讓這首樂曲淹沒我的眼淚，帶我進入思念哀愁的旋律中，每一天在我思念父母的時候，我都會按下它的鼻子。

直到前一陣子，我才憑著記憶中的旋律查到，這段陪伴我長大哀痛的音樂，出自於一部一九七〇年上映的美國電影《愛的故事》（*Love Story*）。原來在我失去我的家時，我心中愛的故事仍持續迴盪著。

這個音樂小丑陪伴我好多年，一直到它沒電了，我都還是捨不得把它丟掉。

現在回想起來，我似乎有一種和年齡不相符的成熟懂事。面對家庭的驟變，我沒有吵鬧，也沒有抗議，我一句話都沒有說，連哭都不哭出聲音來，深怕自己給別人添麻煩，我努力成為一個很乖的小孩，擔心自己一旦不夠乖、不夠好，就會被大人再一次拋棄……

我的阿公是讀書人，擁有豐富的學識，在桃園中正國際機場（現稱桃園國際機場）檢疫所擔任所長；阿嬤是傳統的台南女性，承襲日治時代女性堅毅嚴謹的精神，刻苦耐勞也十分追求完美。

雖然阿公和阿嬤都對我很好，把我捧在手心疼愛，但畢竟不是自己的爸爸媽媽，我始終有一種寄人籬下的感覺。住在阿公阿嬤家裡，好像住在宿舍一樣，儘管我每天都有乾淨的床鋪可以睡，有新鮮豐盛的食物可以吃，卻沒有人可以聽我說說話，沒有人可以在我傷心的時候，可以抱抱我、秀秀我。

這樣以淚洗面、無聲哀痛的日子不知道過了多久，春去秋來，我上了小學，阿嬤每天都接送我上下學，我漸漸適應了住在阿公阿嬤家的新生活，但我還是很想念我的爸媽。

終於有一天，媽媽出現了！她帶著我最愛喝的麥當勞草莓奶昔，到學校來看我，由於小學下課的時間很短，我和媽媽只匆匆見了一會兒，簡短寒暄幾句，我就必須回教室去上課了。

在我被送去阿嬤家住了一年多以後，姑婆邀請我去她家過夜，我到了姑婆家，才發現媽媽竟然也在那裡，原來這是姑婆精心安排，製造讓我可以和媽媽相處的機會。

在媽媽的懷裡，我再次聞到了那個過去熟悉的、令我懷念的，口紅的味道。

我告訴媽媽，我想和她住在一起。

但媽媽只是用無奈又哀傷的眼神看著我，沒有答應我。

媽媽說，她會盡量找機會來看我。

後來，我每隔幾個月就會到姑婆家住一晚，讓思念媽媽的心獲得短暫的寬慰。

只是有一次，我不小心說溜嘴，讓阿嬤知道我和媽媽見面，一向把我「惜命命」的阿嬤，竟然用藤條抽了我一頓！從此，我更不敢在阿嬤的面前提起我媽媽。

一直到好幾年之後，我才逐漸釐清整件事情的始末：當年爸爸生意失敗，媽媽替爸爸揹了債務，媽媽執意要和爸爸離婚。在那個男女地位不平等的年代，男尊女卑，天經地義。從來只有男人要和女人離婚，女人怎麼可以主動向男人提出離婚？那可是離經叛道的事啊！我的阿公、阿嬤觀念傳統，不能接受自己的兒子被媳婦「休了」，他們不讓我媽媽和我見面，多少帶著點懲罰我媽媽的意思。他們沒有想過，這樣做，其實受到最大懲罰的人，是我。

我成了大人各種問題權衡下的犧牲品，孤單又悲傷的成長過程，讓我選擇對眼前的世界視而不見，封閉自己的內心，也閉緊我的口。除了必要的時候，我幾乎不太說話，儘管我在學校是朗讀比賽、演講比賽的常勝軍，但我的心靈卻像個啞巴，世間任何語言和文字都不足以形容我的失落，我吟唱不出心底最真實的曲調。我把自己關在無聲的小天地裡，任憑外面的世界喧囂。

國二時，因為我已經可以自理生活，所以我搬去和媽媽一起住。到了國中畢業，我覺得自己終於長大，有能力照顧自己了，我期待著要拿回一些自己人生的主導權。沒想到在某一天，我又被告知，媽媽決定要送我到美國讀書，而且我要單獨一個人留在美國，沒有其他家人陪伴我，也沒有人問過我的意見。

我知道，對大人們來說，這都是為了我好，這是他們反覆思量、盡了最大的能力，所做的對我最好的一個決定。但是，我的想法呢？我想要的是什麼，對他們來說，重要嗎？

記得上飛機前一天，阿嬤特地來媽媽家看我最後一次，在送阿嬤回去的路途中，阿嬤哭紅了雙眼，我也忍不住哽咽啜泣。我的眼淚停不下來，直到隔天上了飛機抵達美國都還在啜泣。媽媽陪我一起搭飛機到美國，她看我整趟旅程都一直流淚啜泣，完全不能理解我的心情。在那個時代，多少人夢寐以求能夠出國讀書、不用考聯考，她為我做了最好的安排，覺得我應該要開心和感激，她不明白我為什麼要一直掉眼淚？

我也不知道是什麼觸動了我的情緒，打開了我的眼淚開關，直到下飛機前一刻，我才領悟到，那是我人生第二次經歷沉痛的離別，也是因為這一次離別，我才知道阿嬤在我心中的位置是如此重要。

我在六歲時和父母分開，在十五歲時又和一手照顧我長大的阿嬤分離，她是我在這個世界上最依賴的人啊！而我除了要她「保重身體」、「不要擔心我」之外，我什麼也不能說，也不曉得下次何時能夠見到她。

我老早就知道，人生就是一個不斷失去的過程，只是不管長到了幾歲，那種失去的感覺都還是一樣的痛。

不，是更痛。

畫畫成了我唯一的出口。我從小時候就很喜歡畫畫，因為在那一刻我的專注沒有重力，能夠沉浸在色彩的世界裡，忘掉自己的痛。我沒有正式學過畫畫，不懂正式的繪畫技巧，我是在因緣際會下，去到一個藝術創作空間，那裡主張「人人都有與生俱來繪畫的能力」。我想拿起畫筆來畫，畫出我這些年遊歷四方見識到的景色、文化、故事和人；我想畫出古今音樂帶給我的感動和美；我想把所有無法用言語表達的感受，透過各種色調著墨出來；我想透過畫畫，重新回到小時候，用最溫柔的筆觸去擁抱那個小小的我。

這一畫，我畫了十年。十年的創作中，「neon hue（較低的彩度中帶螢光色調）」是我所為之傾倒的色調，在 neon hue 中能看見四度空間和觸摸得到的溫柔，它是未來，是期望，也帶來為明天鼓舞的站力。在這色調和隨心構圖中，我安定自我，專注潛入深沉的寧靜中，感受全然的釋放和自在。

關於曾經的自己，歲月流逝加上記憶斷層，很多部分其實我也想不起來了，最初的我是什麼樣子？兒時天真無邪的笑容究竟遺失在哪裡？我沒必要也沒有力氣去尋回。我只想用手中的畫筆，把剩下那些破碎的自己，逐一描繪出來，逐一拼湊起來，用有限的顏料畫出我心靈的顏色——那抹無法限度的 neon hue。

我想，如果孩子的笑容有顏色，應該就是這樣的顏色吧。

我有一幅名為〈小小〉的作品，在畫這幅畫時，我感受到內心前所未有的平靜，我再次遇見了那個自小離開父母、覺得自己被遺棄的小女孩，而我用 neon hue，一層又一層，改變了她生命中的空白及黑暗。

我曾經以為，長大了，就會好了；壯大自己，追求更高的智慧和學問，事情就會改變。然而，在這世界上，有些問題始終存在著，不管經過多久，都不會改變。這個問題解決了，總是還會遇到下一個問題。兜兜轉轉，跌跌撞撞，幾經風雨之後，我才終於發現：原來，人生的終極答案不是去解決問題，而是「回轉像孩子一樣」。

當我選擇把自己縮小，用孩子的眼光來見自己、見天地、見眾生，那個自小被壓抑、被遺棄、無能為力也無以為繼的我，也就重獲新生，得到了自由。

有句話說：「幸運的人用童年治癒一生，不幸的人用一生來治癒童年。」無論是從家庭帶來的養分或傷害，都會影響人的一生。

破碎家庭的孩子，往往背負著上一代的原罪以及從家庭而來的憂傷，為成長過程蒙上一層陰影。無論我們長到幾歲，傷痛仍然如影隨形。

這樣的痛，大人不會懂，只有小孩才可以理解。

回轉像孩子，或許依然沒辦法改變我們的過去，但卻給了我們回望過去的勇氣。

孤單是生命的底色

孤單，是我生命的底色，也是我成長過程中最深的傷痕。

但是，孤單也成了我的祝福，讓我從小就練習如何排解寂寞，如何與自己對話，也讓我的創作能力有了發揮的空間。

小學住在阿公阿嬤家的那段時間，因為大人都很忙，阿公阿嬤家也沒有其他小孩，我經常一個人待在房間裡。手作，就成了我打發時間的好朋友。我享受著美術帶給我的驚豔，有時花了半天時間，仔細完成一個剪紙作品，做好後打開來一看，「好美啊！」美到超乎我的想像、連我自己都嚇到！那幾分鐘的驚喜，就是我童年生活中僅有的快樂回憶。

由於孤單的時間實在太多，我也漸漸迷戀上了紙黏土創作。我永遠忘不了我的雙手第一次碰觸到紙黏土時，所感受到濕度和軟硬度，紙黏土特殊的觸感，讓我的心能立刻沉靜下來，也讓我投入許多時間沉浸其中。到了小學高年級時，我做的紙黏土作品已經可以媲美手作教學書封面上的照片。

我到現在還保留著阿嬤幫我留下的一個個紙黏土作品，那是我十歲時的創作，十歲的我就已經懂得使用漸層色，我想那個時候，雖然我的人生像一場黑白的悲劇，但是我的大腦世界卻是充滿繽紛色彩的。

因為我很安靜，所以我在學校的好朋友原本就不多，我只記得班上的男生都對我很好，但女生朋友我就沒什麼印象了。小學四年級時發生了一場意外，讓我和同學之間又多築起了一道分隔線。

小學四年級的農曆春節，我興沖沖地想要學阿嬤炸年糕，沒想到我把年糕往油鍋裡一丟，鍋裡的熱油就噴上來，造成我的臉部二度灼傷，阿公、阿嬤緊急送我到醫院急診。等到燙傷恢復後，我也繼續在醫院治療，醫生說我的傷口不能曬到太陽也不能碰到灰塵，所以之後整整兩年的時間，我在學校都不能參與任何戶外活動。

當同學早上到操場升旗、下課時出去玩、上體育課時，教室裡都只剩下我一個人。除了看書，我只能東看看、西看看，不知不覺培養了我善於觀察的能力，教室裡的一景一物，都成為我想像的素材。我就像文學名著《清秀佳人》中的女主角安妮，喜歡閱讀、喜歡編織故事和自我對話。

豐富的獨處經驗讓我無論去到哪裡，我都不急著融入群體，也不會擔心自己和別人不一樣，我不怕成為「邊緣人」，這樣的能力反而讓我每到一個新環境，都能夠靜下來先仔細觀察，正視自己的內心，真實的面對自己，不隨波逐流。也正是因為我喜歡獨處，所以在我到英國讀學士後文憑時期，我有辦法在一個月內讀完八本書、在半年內完成四篇論文，這階段的訓練培養出我獨立學習的能力，至今我仍受用無窮。

美國一間心理諮商師培訓機構曾提出一項研究結果，表示：「獨處能力與一個人情緒發展的成熟度成正比。EQ高的人善於獨處，他們並不害怕孤獨，反而能從孤獨中獲得更多。」我很開心我從小就培養了這樣的能力，因為人生中，只剩下自己一個人的時候還真不少啊！

小學畢業上了國中後，我也和大多數青少年一樣開始叛逆，想要練習獨立，但是我仍然保有自己的想法，不會輕易受到其他人影響。當同學們都拚命追求同儕的認可、非常在意自己的人際關係、上廁所一定要找好朋友陪伴時，我知道自己是可以有所選擇的——我可以選擇勉強自己融入群體，也可以選擇享受一個人的自在。

我國中讀的是女校，那個年代，學校會把學生分成A段班、B段班，晚上若看到有一排教室還亮著燈火，表示那就是A段的班級。我剛好被分到A段班的最後一班，比B段班的學生功課好，卻又比不上排名在前的其他 A 段班，和 B 段班學生其實只差一步之遙，卻被大人的標準、學校風氣、社會價值觀硬生生地區隔開來。

走在校園裡，大家都會去區分「這個人是 A 段班學生」、「那個人是 B 段班學生」……A 段班的學生會受到較多肯定、享受更多學校的資源；B 段班學生自然就被貼上「魯蛇」的標籤。我很不喜歡這種文化，不明白為什麼要把人區隔開來，大家都是平等的，大家都一樣好，不可以嗎？

我從來不曾和同學透露過我的家庭狀況，因為阿嬤告訴我：「父母離異是很丟臉的事！」只有我最要好的朋友，我曾經邀請她來家裡玩，她因此知道我是跟阿公、阿嬤一起住，我的家庭和其他人不太一樣。她是個陽光燦爛又貼心的女生，沒有多刺探我的隱私，反倒讓我有一種被了解的感受，更加對她推心置腹。她是我在校園裡最美好的相遇，沒想到國二時，她去了澳洲讀書，我頓時失去了在班上最好的朋友，又剩下我一個人了！

記得她最後一天來學校，放學時，她還特別陪我一起走回家，一路上我都忍住情緒，一直到她離開後，我才終於哭了出來。為什麼我不在她的面前哭？我想，那時候的我已經明白，在成長的路上，很多時候本來就只能一個人應對，沒有人有義務要承擔我的情緒，有些眼淚只能留給自己品味。

孤單給我的另外一份禮物，是成長。所謂的成長，指的不只是年齡歲數的增長，而是透過獨處，更加清晰地認識自己，看見自己多了一些能力，增加了一些原本沒有的成熟。這時才能深刻體會到，我已經不是從前的我，我長大了！

好朋友的離開，讓我陷入了一陣低潮，但我立刻接到一個好消息，就是我可以搬去跟媽媽一起住了！為什麼突然會有這樣的轉變，我到現在都還不明白，但我想，或許是阿公、阿嬤年紀大了，招架不住我這個青春叛逆的少女，覺得讓我去跟媽媽一起住比較好吧！

能夠和媽媽一起生活，每天醒來看到媽媽的笑容、放學回家和媽媽共進晚餐、和媽媽分享祕密、聊聊今天在學校發生了什麼事……這是我盼了多久的夢想啊！現在終於美夢成真，我可以回到媽媽身邊了！

原以為和媽媽住在一起，我會是全世界最幸福的女兒，等到這個夢想成真後，我才發現和我想的完全不一樣。

或許是因為媽媽獨自在外面打拚太久，已經習慣了一個人的生活，她不再是我記憶中那個會打理家庭、會照顧我的媽媽，她似乎經常忘了我的存在，忘了有一個女兒在家裡等她。也或許是我已經是個青少年，不再是媽媽記憶裡的那個小女孩，很多事我都可以自己處理，媽媽也不知道我哪裡需要她，不知道要怎麼和我這個「突然長大、陌生的女兒」相處。

那時媽媽正值事業起飛的時期，每晚都有好多應酬、忙不完的工作。我早上不到七點自己起床，媽媽不是已經出門工作，就是還在睡覺，我自己出門買早餐吃，自己去上學，放學後自己回家，自己一個人吃晚飯，等著媽媽回家……

有時媽媽一回到家，就累得倒在沙發上睡著了。我會幫她卸妝、幫她按摩，我想這就是我最靠近媽媽的時刻，她不太會照顧我，但是我可以照顧她。

我很珍惜媽媽在我身邊的時刻，只是不知道為什麼，以前我一個人玩玩具、一個人待在教室裡，我都不會特別覺得孤單，而當時的我，卻感到前所未有的孤單！

我只能期待自己快快成長。

我的美國媽媽

十五歲，國中畢業，我離開我的家鄉去美國讀書。媽媽陪我搭飛機，送我到美國，讓我借住在她的朋友家，陪了我幾天後，她就先回台灣了。以前借住在阿公阿嬤家，我覺得自己是寄人籬下，現在住在一個全新的環境中，依舊缺乏歸屬感，但是我只能強迫自己接受現實、適應環境、努力生存。其實，我非常感謝阿姨對我的收留與照顧，她的每一分付出我都銘記在心。

我在美國沒有先讀語言學校，到美國第二週直接銜接當地高中，雖然我在台灣的英文程度算不錯，但是和土生土長的美國人仍然有一段距離。剛開學時，我常常聽不懂老師上課在講什麼，也很難融入同學的話題，我一個人在異鄉生活，心情的煎熬可想而知。但那時，我似乎已經失去了傾訴、表達的能力，一如既往，我選擇默默地撐著、忍著，乖乖地順著大人的意思，朝著他們要我走的方向走。

就在我以為自己就要這樣悲慘地在美國渡過青春歲月時，她像一陣曙光，翩然而至，照亮了我的心房；也像一陣微風，輕輕吹拂，撫平了我的憂傷。她把我從陰暗的谷底攙扶上來，還細心纏裹我每一道看不見的傷口——「她」是我的美國媽媽，是我有記憶以來，第一個願意花很多時間、認真聽我說話的人，也讓我第一次聽到滋養我心靈的話語與感受到對我的信任。

那時我剛到美國，跟著媽媽朋友家的小孩一起去鋼琴老師家學琴，第一堂鋼琴課下課後，我坐在老師家的客廳，有一位老太太過來跟我說話，她是鋼琴老師的太太，是一位來自俄羅斯的美國猶太人，她很驚訝我年紀這麼小就被送出國讀書，所以特地過來關心我。

我告訴她，我的英文不像美國人那麼好，和同學溝通有點吃力。

她問我：「想不想學寫詩？」

她是一個作家，願意教我寫詩，讓我可以抒發心中的情感，她認為寫詩是表達自我心境與提升英文程度的好方法。

從那時候開始，我每個禮拜鋼琴課下課後，都會把我寫的詩給她看，讓她幫我修改，有時候我也會和她一起改詩，享受共創的樂趣。我和她分享我的家庭背景、成長過程，而她在三歲的時候就被送到孤兒院，所以很能理解我的心情，每次和她說話，我都覺得很溫暖，感覺自己深深地被理解了。

寫詩幫助我把口中說不出來的話，構築成一個清晰的意象，轉化成文字，納入詩的意境中。對我來說，寫詩不只是為了練習英文，更是為了抒發心情，也是為了給自己一個交代，是一種「屬於自己的假裝」，我期待著能藉由詩詞征服人生的某些課題與哀愁。

有一次，鋼琴老師的太太讀了我寫的詩，感受到我心裡濃烈的悲傷，她用充滿愛的眼神凝視著我，對我說：「Melodie，只要妳在美國，我就是妳的媽媽。」於是，她就成了我的美國媽媽，之後我每次去找她，都有一種「回家」的感覺。而她總是敞開大門歡迎我，願意虛渡一些光陰在我身上。

我的美國媽媽用好多溫柔的話語滋養我的心靈，她總是不吝讚美我，在她口中，我的缺點彷彿一個個都轉變成了優點。以前在台灣，雖然阿嬤很疼我，但是華人教育總是用批判來表達在乎、用責備取代讚美，我從小到大經常被大人嫌我「愛哭」、「太敏感」、「長得不夠好看」……但是在美國媽媽的眼裡，我的「敏感」、「愛哭」變成了「心思細膩」、「敏銳」、「感情豐富」，她說我很有藝術細胞、誇我皮膚很好。我從她口中聽到的讚美，比我過去十五年加起來的都還要多，她讓我相信，我真的有如她所說的那麼好，如果今天的我有一點點的自信，我想都是她給我的。

美國媽媽的出現，讓我的留學生活不再是適者生存的一關又一關，反而開始閃爍著一些玫瑰金的夢幻。我喜歡和美國媽媽一起坐著十指相扣地看電視，我們可以好幾個小時都不說話，但是她會一直牽著我的手。我也喜歡陪她坐在花園裡，她在花園的一隅放了一個長長的鳥食器，吸引蜂鳥進來吃。每年生日，我的鋼琴老師都會親手做蛋糕給我，美國媽媽為我慶生，讓我被滿滿的愛包圍著。

有了她，我不再感到孤單，她啟發了我對愛、對藝術的想像，把3D版的「家人之愛」完美在我生命中展演出來，我不敢想像若是沒有遇見她，我的人生會有多麼荒蕪？

我二十一歲離開美國時，最捨不得的就是我的美國媽媽。我回台灣後，每天都會和她通電話，過沒多久，我的鋼琴老師離世了，後來我每年都會找時間回美國兩個禮拜，陪伴我的美國媽媽。

一直到前幾年，我的美國媽媽也移民到了天堂，她離開前告訴我：「如果有一天我不在了，妳想要記得一件事情，妳只要把眼睛閉上，想著我不斷對妳微笑，我就在那裡。」

世界是廣大的，而我是渺小的。相逢那麼遠，離別卻如此近。我感謝在我幾乎快被人生的風雨擊潰時，美國媽媽為我撐起一把溫柔的傘，讓我在美國有了一個家。從此之後，每當想念她時，我就寫詩；寫詩的時候，我就想她。

美國教育的啟發

美國的高中都是怎麼上課的呢？我記憶裡最生動的是一堂生物課，生物老師的教室裡充滿了大大小小的水族箱，飼養著爬蟲類動物，一切都是我從未見過的新事物。那一天，老師帶著一隻八公分，眼睛圓圓大大、剛出生的玉米蛇來到課堂上，每個人的眼睛都充滿著驚喜與驚嚇。記憶中牠的圓眼睛和淺紫色的身體，都是我從來沒有看過的樣貌，老師讓同學輪流去摸摸看。老師問我要不要摸摸看牠，我帶著驚恐與好奇回應說好。

原本我以為蛇的外皮應該是濕濕黏黏的，結果實際摸起來的感覺卻是乾燥、光滑、冰冰涼涼的，正當我為牠的觸感感到著迷時，這隻小可愛竟然在我的手上拉了一坨便便！對我來說，牠就像一條會動的繩子，無法掌控牠的速度，不斷變化出線條、光與身子顏色的交替，在規律中有著不規律的魔法，讓我時常有「wow!」的回應，也真的讓我大開眼界！

這種體驗式的教學方式不僅打開了我對知識的胃口，也讓我知道，我所看見的、所以為的都不一定是真的，每件事情都要用不同的方式去體會看看，才能真正了解事物的全貌。

我到美國的第二週就直接進入高中就讀，在這充滿驚奇與驚嚇的萬花筒裡面，一切的五感體驗都是嶄新的。也是我第一次接觸到各種不同的文化與人種，觀察他們不同人種的打扮風格與似懂非懂的新語言。記得剛進高中時，我的英語能力還不夠好，身邊也沒有熟識的同學，每天上學都讓我感覺壓力很大。在美國高中，學生沒有固定的教室，每一節課上完了，我們就要換到下一堂課的教室，在換教室途中如果經過廁所，我就會進到廁所裡偷哭一下，把情緒宣洩完了，擦乾眼淚，再繼續打下一場硬仗！

還好，這裡的學生可以自己安排課表，選擇自己想上的課，我盡量多選一些不需要語文能力的課，像是數學、畫畫、陶藝、體育……懵懵懂懂地過完半年後，我的英文程度追上了其他同學，我也開始在美國扎根，展開新生活。

因為不想再寄人籬下，我在徵求媽媽同意後，搬離了媽媽的朋友家，和班上的同學一起在離學校車程十五分鐘的地方租房子，一切都是新的體驗。我的室友是一位從日本橫濱來的留學生，她的母語是日文，我的母語是中文，我們在第一次見面時就非常投緣，不由自主地一直聊天，那時不曉得該如何溝通，我們就拿出字典來翻出我們想要說的字，就這樣維持舒服的關係，相惜地溝通，我們珍貴的友誼一直持續到現在。

我們一起住了四年，經歷了許多的第一次與體會到自由獨立的感覺，後來我還養了一條小蛇、考到駕照、開上高速公路，還有第一次誤踩煞車成加油，撞上路肩撞擊所帶來的驚恐等，都是記憶尤新的感受。開始過著有同伴、有寵物、沒有人管的加州生活，每天想要幾點睡覺就幾點睡覺，想去哪裡就去哪裡，這是我人生第一次初嚐「自由」的滋味。

我就像是被裝在瓶子裡的汽水，如今瓶塞被打開，我裡面所有天馬行空的想法都翻騰洶湧地衝了出來；我也像一顆被裝在黑暗箱子裡的氫氣球，當箱子打開，我裡面壓抑的情感總算得以伸展，去擁抱一望無際的藍天，不用再忍耐和隱藏。

美國的教育環境和我從前在台灣接受的教育很不相同，美國的教科書都是厚厚一本，學生的學習方式主要是自習，平時就要自己先把教科書上的內容閱讀和消化，然後把不懂的地方帶到課堂上來問老師。實際上課時，同學發言與共同討論的時間占老師授課時間的三分之一，老師會一直鼓勵同學發問，很看重學生發問的能力，而學生也會主動舉手發言，大家都搶著講。不像在台灣，當老師問同學：「有沒有問題？」台下通常都會是一片鴉雀無聲，和這裡台上台下此起彼落、互動熱切的課堂氣氛截然不同。

根據我的觀察，我認為這與民族的自信心有關，因為在加州的伯克萊（Berkeley）區域，有許多猶太美國人。在學校裡有一些猶太人，上課時會帶著小圓帽在頭頂上，他們非常聰明、有智慧，對於猶太民族獨特的文化、宗教，他們都非常引以為傲，不會因為生活在西方國家，就認為自己矮別人一截。

他們仍然堅守自己的儀式、保留並認同猶太精神，他們相信自己是優秀的，因此不管去到哪裡，他們的確在各個領域都表現得相當傑出，也十分勇於接受挑戰。最令我感動的是，他們對於藝術、音樂、科學、哲學、數學的重視，並生活在其中。

另外一方面，美國的教育環境對於「犯錯」這件事有很大的包容力，老師上課問問題，同學回答錯誤，不會受到任何異樣的眼光或批評。上課時同學也可以儘管發問，不需要擔心「我是不是問了一個蠢問題？」老師甚至會鼓勵同學嘗試錯誤，他們認為，真正優秀的人才，需要的不是「回答得出正確答案的能力」，而是要有「承受錯誤的能力」。如果學生從來不犯錯，那麼他們又如何冒險和突破？

東西方教育還有另一個差異，就是台灣的制式教育大多都是在補學生的弱點，數學不好就去上數學補救班、國語不好就去上國語加強班；而美國的教育旨在強化學生的優點，數學很好的人可以去上更進階的數學課，語文方面表現卓越的學生，也可以朝語文科目繼續精進。在台灣，每一科都考到九十分以上的，才是好學生；在美國，只要你有一科成績是A，你就擁有那領域的天賦與潛力！

美國生活的的體悟，開啟了我對東西方教育方式的比較，文化、價值觀與自由言論延伸出的差異，也讓我開始練習思辨。不同文化背景所看到的不同面向，許多種族與多元文化所延伸出來的問題，都是我過去不曾想過的，也啟發我學習的動力。

正所謂環境造就一個人，我離開台灣時，是個怯弱又自卑的女孩，但是在美國教育的薰陶下，我逐漸開始建立自己的自信心，也更明白學習的意義和目的。我熱愛三角函數，也養成了上圖書館找資料的習慣，學習對我來說不是被動的接收知識，而是主動踏出去，去認識這個寬廣的世界。

美國高中除了基礎學科之外，學生還必須根據自己的興趣選修一些課程。大多數的高中，包括我就讀的這一所高中，選修課主要分為藝術、文學、語言、歷史、數學與生物課等，藝術類選修課程是陶藝、繪畫、音樂等等；語言類就是美國人的外語，如法語、西班牙語之類。學生必須在每大類中各選一門課，不可以集中選修同一大類，這是為了讓學生有機會涉略不同面向的學習領域，發現自己的才能和優勢，多元化、因材施教是許多美國高中教育的出發點。學生學習這些才藝不是為了要表演給別人看，或是要符合家長的期待，而是為了「自己喜歡」。

後來我回到台灣，在婚紗店工作，我遇到很多客人是為了孩子要登台演出，帶著孩子來挑選表演要穿的禮服。我看見很多孩子學才藝，是為了要實現大人的夢想，是為了不要輸在起跑點上，我感到有些惋惜。因為我知道期望與學習動機，會扼殺了孩子的熱情，也讓孩子在學習的過程中無法享受那門才藝所帶來的快樂，也會讓孩子擁有一身好功夫，與熱情澆滅的心。

學習才藝的目的，不應該是為了要讓「我家的孩子比別人更優秀」，而是藉此提供孩子豐富的生活與開拓視野的機會，認識自己。

有一個學期，我選修了一門思辨課，這堂課的上課方式是這樣的：老師安排好主題，由學生分組提出各角度的論點，再由老師來進行修正，老師不僅會就學生發表的內容來修正，也會針對學生說話的語氣、表情提出建議。在一週週反覆的訓練下，我發現我的思考愈來愈靈活，說話的方式也愈來愈成熟。我能看見自己的進步，這比以前在台灣考一百分更加令我開心。

我也好喜歡上陶藝課做手拉胚，看著手拉胚從塑型、上釉、燒窯一步一步完成，我的成就感也一點一滴累積。手拉胚陶土的觸感，和我小時候喜歡的紙黏土很像，都像溫柔一樣微涼、帶著一點濕氣的秋天，深深地撫慰著我的心。

到美國讀書，是我人生很重要的轉折。我在台灣固然學業成績很好，但是右腦卻很貧瘠，在傳統填鴨式教育的桎梏之下，我只知道追求名次，被灌輸「功課好代表有所謂的競爭力」這樣的觀念。一直到了美國，我才看見了三百六十度全方位的自己，能夠自由的揮灑創意，不怕犯錯，也不怕自己與別人不同，我對於做自己這件事，愈來愈有信心。

十六歲的我，第一次腳踏實地靠自己生活，第一次看清楚自己內在真實的模樣，我認真生活，享受學習，因為我終於明白，我不用再努力成為一個「讓別人喜歡的人」，我最應該做的，是要「**讓自己喜歡自己**」。

於是我放開你的手

十六歲，是追求自由的年紀，是奮不顧身的年紀，也是愛得閃閃發光的年紀。

許多的刻骨銘心，都發生在這段青春的時光旅途中。

或許是因為那一天的天空特別藍，或許是因為舊金山的陽光特別耀眼，又或許是因為一切都是那麼的剛剛好，我們就這樣闖入了彼此的世界……

到美國第一年的暑假，為了讓自己有事可做，我報讀了語言學校，語言學校裡有來自世界各地的留學生，大多都是要準備進入美國的大學，其中有個日本男孩，平常上課非常安靜、低調，卻仍然成為班上女生偷偷注意的焦點。我知道班上有個女生向他告白，被他禮貌地回絕了。不過我對他並沒有太多的想法，因為我跟他一樣，都是不愛表現、安靜的觀察者，我不認為他會注意到我，甚至，我不認為會有任何人注意到我。

一半留學生初來美國，至少會上半年語言學校，但我開學後就會回到高中上課，所以只會在語言學校待兩個月，暑假結束後，我就會回到高中上課。

在語言學校的最後一天，我上完課走出教室，突然聽見身後有人叫我的名字，我轉身一看，是他。

他問我：「要不要去喝咖啡？」

我回答：「我不喝咖啡，我喝紅茶。」

我們到學校附近的一家咖啡廳，一邊喝冰紅茶一邊聊天，一聊就聊了一整個下午，那個下午，有溫暖的陽光灑進咖啡廳、有我們兩個人不斷的笑容與笑聲，還有一杯接著一杯的檸檬冰紅茶。

我已經不記得，上一次這麼開心是什麼時候了？是小時候得到新玩具時？還是小學演講比賽拿到冠軍時？

我敢確定，我這輩子從來沒有這麼開心過。

想笑就笑、想哭就哭，想說話的時候，他會專心地聽我說，他的陪伴和溫柔接納，讓我覺得好心安，過去刻在心底隱藏著的傷疤，因他的出現，變得柔軟起來。

我們契合得像彼此的影子，兩人都小心翼翼地守護著這段得來不易的愛情。是他讓我學會了給予，從以前習慣了被阿嬤照顧，開始學習去看見別人的需要；也是他讓我學會了吵架，他認為，會吵架的關係才是健康的，要把心裡的話說出來，所以我們開始為了要聽嘻哈還是聽搖滾樂而吵、為了我逛街逛太久而吵；是他讓我發現，能夠不拐彎抹角、把情緒直白地表達出來，原來是一件這麼令人暢快的事！更是他讓我明白，即使在我很難搞、一點都不可愛的時候，他對我的愛也不會改變。

好幸福啊，那個時候。我們天真地以為，此刻就是永遠。

我們總覺得來日方長，我們總覺得未來可期，沒想到一覺醒來，卻驚覺往事已經如煙。

大學畢業後，他要回去日本，距離沒有阻隔我們的感情，在思念的催化下，我們兩人的心反而更靠近。那時我們是這麼計畫的：只要等我大學畢業，我就搬去日本跟他結婚，我們會擁有自己的小家庭，我們會兌現這些年我們給對方的每一句諾言。

我們會、我們會、我們會……

年少未經世事的我們，從未想過，幸福是這麼近，又是那麼遠。

當我真的大學畢業，我並沒有馬上去日本，離開台灣這麼久，我想回台灣好好陪媽媽一陣子，當時我並不知道，這個決定會讓我的人生從此轉彎。

我回台灣後沒多久，媽媽的造型沙龍擴張經營規模，準備要進入下一個里程碑。媽媽一口氣買下了安和路上一棟大樓當中的一層樓，投入大筆資金裝潢新店面，沒想到新店剛裝潢好，準備開業時，店裡兩位資深設計師卻無預警地直接在對面開業，還帶走了七成員工與所有的客戶，讓媽媽的店瞬間損失九成營收。新店沒有現金流，媽媽手上的資金又全部押在房子上了，我知道媽媽每天都在為這困境攪擾，焦慮得吃不下、睡不好，身為她唯一的女兒，我必須陪在她的身邊！

雖然媽媽從來沒有開口要求我留在台灣，但我知道我需要幫她，即使當時毫無經驗的我根本不曉得從何幫起。可是我知道若是我不這麼做，我一定會後悔，我想要和她同舟共濟，為她分憂解勞，讓她的身邊至少有個可以信任的人，在不曉得未來會怎麼樣的狀態下，努力往前。

做了這個決定以後，我拒絕他的求婚，痛苦地分手。

為什麼要跟他分手？為什麼不讓他陪我一起面對？

那時才二十出頭的我，有生以來初次面臨到工作上如此龐大的營運損失數字，我不曉得我的明天在哪裡，我到底是否有能力協助媽媽將公司導正，如果我要他等我，不就等於是要他賭上他的未來？我不想拖累他，不想讓他為了我而受苦。

另外一方面，我也為自己「嫁到日本」這個計畫感到猶疑，跟他交往的這些年，我對日本社會有了不少認識，也一次次地體會在地化的生活。當我益發了解日本的文化，我也更明白我並不想被裡頭的框架限制和束縛，我不知道如果我真的嫁去日本，我會過著什麼樣的生活？當個家庭主婦，每天為先生孩子做造型便當、把家裡打掃得一塵不染？這並不是我期待的人生，但除此之外，我在日本還能有其他選擇嗎？

此外，我對婚姻本身也有好多恐懼，很害怕自己會步上父母的後塵，重蹈上一代的覆轍——開心地嫁給愛情，最後敗給了時間。

當我們離夢想還很遠時，我們憧憬著遠處的高山，欣賞它蜿蜒壯觀的姿態，但是當夢想的高山一下子挪移到面前，那高高聳立、廣巨無邊的氣勢，不禁令人感到驚懼退卻，彷彿自己永遠也跨越不了面前的這座高山。

於是，我退縮了。

人生往往只有兩種選擇，不是抓住機會，就是錯過它。嚴格來說，每一種選擇都沒有對錯，因為我們永遠不知道若當初選了另外一條路，結局是更好，還是更壞？

選擇有好多，路卻只有一條，就是我們腳下正在走的那一條。

為了徹底跟他分手，我說了好多讓他傷心的話，希望他能夠對我死心，不要再把時間浪費在我身上。我知道我帶給他的椎心之痛，恐怕要很長一段時間才能弭平，但對當時的我來說，我像一個在大海裡溺水的人，只能抓著救生圈隨波逐流，不曉得自己會被海水沖到哪裡。而他在他的船上，我不想讓他看見我掙扎的樣子，更不想要他為了救我而冒險跳進水裡，我盡我最大的努力，讓他平安地留在他的船上。

即使我必須親手把他推開。

這究竟是我對他的仁慈，還是我對自己的殘忍？

當時的我，被恐懼的大海淹沒，幾乎快要滅頂了，關於未來、關於婚姻、關於家裡的經濟……我被籠罩在一團團的迷霧中，不想要有牽掛，不想再拖泥帶水，我想逃跑，儘管我曾在他的臂彎中感到無比安全。

既然轉身了，就不要回頭。

之後過了四、五年，媽媽的公司營運漸漸回溫、穩定成長，在那之後，有一天他打電話給我說他要結婚了，對象跟我很像。

後來的後來，我也遇到了一些男生，有的男生對我很好，從來不曾跟我吵架，因為不管我怎麼樣，他都會讓我、無盡地包容我；也有男生是富二代，體面又體貼，但是我們之間就是少了一份觸動。

從他以後，再也沒有一個人，讓我興起想結婚的念頭。因為曾經擁有過最好的時光，曾經見過最美麗的風景，所以有些堅持，我沒有辦法妥協。

我可以跟任何人在一起，但是我不會委屈自己，跟一個我不是全心全意喜歡的人結婚。

我仍然相信，最適合我的那個人，仍在與我相遇的途中。

電影《手札情緣》（*The Notebook*）中有段經典台詞：「一生至少該有一次，為了某個人而忘了自己，不求結果，不求同行，不求擁有，甚至不求你愛我。只求我在最美的年華裡，遇見你。」

這部電影我看了好多遍，每一次都帶給我不同的感觸。兩個人在茫茫人海中相遇、相知、相愛，然後又錯過了，類似這樣的情節每天都在無數的現實人生中上演，因為有這場美好的相遇，才把青春寫成了一首詩，雖然結局缺了一場幸福快樂的團圓，但是這段回憶已為彼此的人生增添了許多幸福和快樂。

會感到遺憾嗎？

《手札情緣》中有一幕，年華老去的女主角的媽媽與舊情人相逢，她眼眶泛淚地看著自己曾經深愛過的男人，接著她說：「二十五年前我是很愛他的，但沒辦法，那就是我的選擇，既然做了選擇，就要繼續走下去。」

在時光的彼岸，那些甜蜜的、憂傷的過往都將一一被摺疊好、收拾妥當。不是每個愛與痛都能夠找到解答和出口，那些來不及畫下的句點，就留在昨天吧。

雖然沒有辦法去到約定好的遠方，但我們都知道，這樣就很好了，能夠牽著彼此的手，同行一段路，已經很好了。

在倫敦，我看見的美

讀不完的書、寫不完的報告、無止盡的熬夜……我陷入了瘋狂忙碌的日常，這是我在倫敦留學的生活。

從美國回台灣陪伴媽媽幾年後，媽媽的公司重新站穩了，我也想要轉換環境，再次回到校園吸收養分，因此開啟了倫敦留學的旅途。

我在台北聽過幾次倫敦藝術大學的說明會，這是一間由藝術、設計、時尚、媒體傳播、表演藝術等六個學院所組成的大學，把每個專科分門別類詳細區分，學生有超過一百多門課程可以選擇。倫敦藝術大學是歐洲最大的藝術教育機構，在 QS 世界大學排名中也是名列前茅。

我在台北參加的那一場說明會，是由倫敦藝術大學校長親自來台招生。那個時候，我對於自己想要讀哪個科系，其實還沒有非常明確的想法，我記得校長問我：「你可以想像有一天，你是站在時裝秀的舞台上謝幕的設計師嗎？」我直覺地搖搖頭，說：「No.」

校長明確的問題，點開我對選修的迷惘，完全刪除這個選擇後，經過專業人士對於課程介紹與選擇性，我發現雖然我熱愛時尚與行銷，卻不明白它的來龍去脈，在當天的解說會之後，我開始將未來學習的藍圖愈畫愈清晰……

那一刻，我決定踏入「時尚行銷」的領域。

在倫敦藝術大學的倫敦時尚學院，時尚行銷是最難讀的科系之一，有幾年的時間，這堂課還被取消，由於過去好幾年，很多碩士班的學生都沒能夠順利畢業拿到學位，因此在我讀的那一年，這個科系已改成學士後文憑課程，其課程的艱澀難懂可想而知。

英國的教育和美國很不同，美國的教育沒有框架，也沒有邊際，教授會告訴你，「答案在某個方向，遊樂園在那裡，你要自己去找。」至於要怎麼去？有多遠？要找多久？你得自己想辦法；但英國的教育有架構、有脈絡，雖然學生還是必須自己去找答案，但是教授會告訴你，「答案就在這個範圍裡，遊樂園就是這麼大，裡面有很多好玩的地方，你想要怎麼玩都隨便你。」

我在教授的帶領下，逐步了解時尚是有歷史、有脈絡、有文化意涵的，每個時代的衣裝形成背後具有邏輯性，受到經濟、政治環境、女性主義等因素影響。我對於和現代人切身相關的「環保時尚」與「炫耀性消費」特別感興趣，因此也選定這個方向作為我的論文主題。

除了白天的課程，學校也設有課後輔導中心，學生有問題可以去請教輔導老師，這點和台灣的教育很不同。台灣大多是中、小學的學生才需要「課後輔導」，目的是為了讓學生跟上課堂進度，把落後的程度「補救」回來；但英國反而是高等教育生才需要課後指導，因為在摸索、研究、建立系統化知識的過程中，常常會卡關、會遇到瓶頸，很需要有人在旁指點迷津，或是在臨界點推你一把。

剛開學時，我每天都會帶著一籮筐的問題去請教輔導老師，但幾次以後，我發現，不管我問老師什麼問題，他的回答永遠都是：「你為什麼會問這個問題？為什麼？」

漸漸的，我明白了他的思考邏輯，就是在遇到問題時，先回到問題的根源，跳回上一步，重頭去尋找新的出路，重新梳理我的邏輯能力。

在倫敦讀書的這一年，與其說我學到了很多知識，不如說我掌握到了自學的技巧，透過撰寫報告，我必須每個月讀完八本書籍，自行探索浩瀚的時尚行銷領域。

就我的角度來看，台灣的大學教育比較像是拼圖，學生用一塊塊拼圖擴張知識的疆界；而英國的教育像是在蓋高樓，教授會給予每層樓的指令，而學生必須自己去找素材、原料和方法，一步步地築起秩序分明的架構。

在這樣的訓練下，我才真正體會了什麼叫做「讀書」。在倫敦藝術大學，我第一次看到那麼多才華洋溢的人，他們不光是對各項學術理論瞭若指掌，也能夠針對自己的創作理念侃侃而談，有自己的個性和想法，也能虛心受教，聰明絕頂，卻求知若渴、努力不懈。

我們這一屆一共有二十八個學生，其中不乏一些高手中的高手，有一位俄羅斯同學可以利用一個晚上的時間，游刃有餘地做出長達五十頁的報告，我到現在都還想不透，她究竟是怎麼辦到的！也有一位來自義大利的同學，住在倫敦市中心，他有一個做知名零售品牌的好朋友家在梅費爾（Mayfair），並邀請我們去他家參觀，我到了那裡，才發現他的家竟是如此富有！每個裝潢設計細節都充滿高級感，讓我大開眼界。例如，他們家的衣櫥，只要人走到衣櫥前，衣櫥的燈就會自動亮起，這是我第一次見識到居家智慧感應系統，在那之後的十多年，智能家居才被引進台灣。

除了學校的扎實訓練，倫敦這座城市本身就是個藝術殿堂，也是歐洲首屈一指的時尚之都。不用上課的時候，我就「泡」在博物館、街道裡。倫敦除了舉世聞名的大英博物館，還有許多值得一看的街道，例如：國家美術館（National Gallery）、皮卡迪利圓環（Piccadilly Circus）、卡納比街（Carnaby Street）、波多貝羅市集（Portobello Market）……都足夠讓我滿足地探索與欣賞。

倫敦的大型百貨公司也像是我的時尚教室，我經常會去探索百貨公司的櫥窗設計，裡頭每個品牌都有獨立的風格，品牌輪廓和顧客群皆相當鮮明，讓我把我學到的時尚行銷理論與市場前線相互對照和呼應。

倫敦著名的利柏提百貨（Liberty London）是一棟超過百年的木質建築，雙面斜頂、交錯的山牆、經典撞色外觀，流瀉著中世紀英國的都鐸式風情，讓路過此處的行人都忍不住看它一眼，更別說擺放在大門口整束整束的嬌嫩花朵。利柏提百貨最有名的就是它的印花布織品，看著各式各樣世界等級、高雅獨特的印花陳列在我眼前，讓我彷彿享受了一場視覺ＳＰＡ，感到無比地過癮和滿足。這些印花也成為我在創作時的靈感繆斯，啟發我去探索色彩的活性與張力。因為見識過真正的美，才懂得什麼叫做「美」的道理。

有時候，我也會在星期天的下午，搭地鐵到東倫敦的哥倫比亞花市逛逛。短短二百多公尺的花市街道上放滿各種鮮花，令人看得目不暇給，對於喜愛花草的人來說，任何角落都可以發掘一些小驚喜。

在歐洲，花是生活中扮演著不可或缺的角色，花草植物像是生活的一部分，就像呼吸一樣自然，隨處可見家家戶戶的門前後院，都點綴著綠茵鮮花。路邊的轉角常見賣花的攤位，讓過路的行人隨手可得一束簡單包裝的鮮花，在都市中感受春天的氣息，把大自然的律動握在手心。很多歐洲人都習慣在回家的路上順便買束花，少了花，生活就像少了點什麼。

住在倫敦這一年，我有很多機會感受鮮花綠植的迷人魅力，經常迷失在花市的迷人情調中不能自拔，逛累了，我就坐在街邊喝杯咖啡、聽著柯芬園（Coven Garden）的街頭音樂，享受被美麗包圍的幸福。

很多人都以為，學藝術、學時尚，就是要創作出美麗獨特的作品，讓別人看見自己創造出來的美。但是當我站在倫敦這座藝術文化殿堂，我更加體悟到，**我們真正應該追求的，不是向外關於美的表現力，而是內在對美的感知力**。能夠在平凡事物中看見美、用眼睛捕捉任何美麗的吉光片羽、品味和分辨各種美的不同質感，這才是真正能夠滋養心靈、豐富我們的人生。

在倫敦這一年，不僅提升了我的美學層次，也讓我明白：屬於自己的禮物，要花時間去尋找，並且努力不懈。

小時候去美國讀書，我是被安排、別無選擇，只能乖乖出國，但這次去倫敦讀書，是我自己想要去，自己支付學費，所以無論再怎麼辛苦，我都心甘情願。對比加州燦爛的驕陽，倫敦陰雨濛濛的天氣讓我感到窒息，一個人讀書讀到三更半夜很苦、寫長篇大論的報告很苦、反覆修改論文更是痛苦，但是，能夠掌握自己的人生，這讓我覺得很快樂。

因此，我很慶幸我在二十五歲時做了這個決定，選擇一所我喜歡的學校和科系，扎扎實實地將自己投入在某個領域中，不斷搜尋、探索、思考、鑽研，最後我在二十八個學生中，以第五名的成績畢業，也是黑髮第一個。

這雖然不是什麼了不起的成就，但是我很高興，這是我全力以赴的結果，我永遠會記得畢業典禮那一天心中滿滿的悸動，記得校長的致詞勉勵畢業生說，未來，天高將會是你們的界限。

對得起自己，比被別人肯定更重要。

II

與憂鬱共存的日子

和解——給媽媽的禮物

在別人眼中，我是個從國外留學回來、含著金湯匙出生的企業家第二代，我十五歲就擁有第一個香奈兒包包，物質生活從不缺乏。但我最想要的，只是有爸爸和媽媽在身邊，可以安心地當女兒、當小孩，天黑了，會有一盞燈等著我回家……

如同大眾所知，我的媽媽是個了不起的女企業家。

當年她和我爸爸離婚後，為了償還債務，她辭去了總機小姐的工作，以三十歲的「高齡」投身造型行業，從學徒做起。那時候的新進學徒，大多是十幾歲、二十出頭的小女生，在一群年輕女孩中，我媽媽顯得格格不入，尤其每天上班時還得穿著粉紅色的制服，更讓她覺得渾身不自在。為了能盡快出師，她每天除了短短幾小時的睡眠時間外，其他時間幾乎都用來練習和自我訓練。一般人從學徒升到可以獨當一面的造型師，需要花上好幾年，但是媽媽憑著對美的熱愛，以及不服輸的拚搏精神，只花了不到半年，就成為備受客人信賴的專業造型師。

成為造型師後，媽媽更是忙到連覺都沒得睡。那個年代，迎娶新娘大多都會看時辰，有時迎娶的吉時落在凌晨五點，媽媽必須凌晨三點就開始幫新娘化妝，而她前一天可能忙到半夜一點才能休息，眼睛才剛閉一會兒，就得起來工作，繼續連續工作超過十二小時。這樣忙碌、高壓的日子，讓她經常跑醫院掛急診，後來甚至還動了一場手術。外面的人看見的是她的風光成功，我看見的卻是她的一身傷痕血淚。

白手起家的女強人除了犧牲了自己的健康，同時也必須捨下親情。我六歲時就離開媽媽，由阿公、阿嬤帶大，國中畢業後又去了美國讀書，和媽媽的距離愈來愈遠，等我回到媽媽身邊時，我們之間已經分開了十五年。

而媽媽在創業過程中也養成了「快、狠、準」的行事作風，能用一句話就表達的意思，她絕不會拐彎抹角、委婉地跟我多說幾句話。對我的關心，也多以糾正、評斷的方式來表達，用意見代替鼓勵。因此她的話聽在我耳裡，經常都是「命令式」的，我像是她的員工，不像她的女兒。

以前我住在國外，她打電話給我，總是問我：「有沒有好好讀書？」我也會向她簡短的「報告」近況，我們之間倒也相安無事。直到我畢業回台灣後，我進到她的公司工作，和她長時間相處，我覺得我是她的員工，但在別人眼裡，我的身分是老闆的女兒，當時公司裡的許多資深員工，都會劃分出這樣的分水嶺。而當時初入社會的我，個人的「職場溝通」能力尚不到位，很多我認為應該要直接表達的方式，卻需要拐彎抹角，造成我和媽媽之間衝突不斷。根據她的說法，我們母女不是在「磨合」，而是在「爭戰」。分開這麼久的時間，我們總算團圓，媽媽卻像是我最親近的陌生人。

好幾次，我都躲在公司的廁所裡哭，為了和媽媽之間的衝突感到揪心和失望。

原來，我並沒有我自己以為的那麼懂事；原來，我心裡的眼淚還沒有被加州的陽光蒸發；原來，我和媽媽中間隔著這麼大、這麼深的鴻溝；原來，我是這麼渴望得到媽媽的愛……

媽媽怎麼可能不愛我？儘管我在理智上知道，媽媽這麼辛苦栽培我出國讀書、供應我生活和物質上的一切需要，她當然很愛我，但是，「愛」和「愛的感覺」卻是兩回事。在傳統華人家庭中，父母深愛著子女，甚至把子女看得比自己性命更重要，但是卻從來不會用言語來表達愛，總是「刀子嘴，豆腐心」、「愛之深，責之切」，愈是自己人，愈要用嚴苛的標準來管教，我們心裡明明很愛對方，但是卻從不把愛掛在嘴上。

我媽媽不明白：「我供你讀書，努力把最好的給你，你為什麼還不知道我有多麼愛你？」

我也不明白：「為什麼你愛我，卻連一句肯定的讚美都不給我，也不願意花時間來陪我？」

有一位熟悉我們母女的長輩說，我和媽媽就像是兩條「相愛的平行線」，彼此之間沒有交集點。我們會在暗地裡為對方做很多事，總是為對方著想，但是卻沒有辦法相安無事地處在同一個空間裡。

我媽媽自己也形容我們之間是一種「危險關係」，她愧疚地說，是因為她缺席了我的童年，在我小時候沒有經營和我之間的親情，所以沒有分數，現在她要「補修學分」，但是她的原生家庭也不曾提供給她充足的愛，沒有人向她示範過要怎麼當媽媽，她真的不知道該怎麼和我相處，滿足我心裡的期待。

我們之間的關係停格在冰點，僵持了好多年，終於迎來了一個扭轉的契機！我媽媽在朋友介紹下走進教會，她深深地感受到上帝的愛，也試著把這份愛帶回家裡，努力實踐在我的身上。

過去她在為事業奮鬥的過程中，她必須把自己一層一層武裝起來，不能有太多情緒和感受，對自己和對底下的員工都很嚴厲，對自己的女兒更是用高標準來苛求，她只看見自己對我的付出，但沒有真正了解我的內心。現在她會試著在我面前展現柔軟的一面，站在我的立場來體諒我，甚至心疼我，學習如何扮演一個溫柔的母親。

這過程很不容易，我們還是經常擦槍走火，但是為了世界上最愛的人，我們永不言棄！

媽媽受洗成為基督徒多年後，我也接觸了基督信仰，開始了一段童年經驗的醫治之旅。

我學習用上帝的視角來看媽媽，她不是我所期待的「好媽媽」，甚至在我小時候，她會把我一個人放在漆黑的房間裡，用錄音帶放「虎姑婆」的故事給我聽，她花錢買了當時流行的兒童床邊故事，以為那是寵愛孩子的表現，沒想到我一個人在房間聽著虎姑婆「卡滋—卡滋—」啃小孩手指的聲音，瞪大眼睛，嚇得半死又不敢發出聲音。

她也不是在我撒嬌時會抱抱我、秀秀我的媽媽，當我六歲被遺棄在阿公阿嬤家，哭著請她帶我回家時，她會用對大人說話的方式對我說：「你要感謝老天爺讓我們遇到這麼困難的事，你要比別人更努力……」

我很明白，擔任「媽媽」的角色，是比擔任企業CEO更困難的事情！我記得一位朋友跟我說過，每一位父母，都是用他們知道最好的方式來愛他們的孩子。也因為媽媽沒有感受過被親生母親疼愛的滋味，她從小被迫長大，扛起許多責任，她以為教會我堅強、獨立、優秀，就是給我最好的禮物。

時間回到了我六歲那一年，我在無預警的情況下離開父母，在阿公阿嬤的家裡，我一個人躲在棉被哭，但這次我看見的不是只有我，還有我媽媽。她因為太想我，所以一邊替客人化妝，一邊忍不住掉眼淚，後來好不容易在姑婆的安排下見到我，每次送我離去後，她一個人回到空蕩蕩的房間，總是必須灌下一大瓶酒，才能逃避對女兒的思念……

她不是一百分的媽媽，但是她對我的愛，卻遠遠超過一百分。她不是一百分的媽媽，但是我也不是一百分的女兒。

我想，和解與饒恕，是我們一輩子的功課。**與父母和解，也就是與自己和解。**

現在的我們，仍舊會因為工作上的事而鬧得不愉快，但是當我們排除老闆和員工的角色，回歸單純的母女關係時，我們的相處就會簡單化。我會試著跟媽媽溝通，表達我真實的感受，不會像從前那樣一味吞忍、不知不覺累積了許多情緒負債。前幾年，我也安排了一次和媽媽單獨的家族旅遊到韓國玩，享受母女的兩人世界，因為得來不易，所以更加值得珍惜。

我們都在學習相信，**不完美的媽媽和女兒，也值得被愛。**

父・逝

小時候，爸爸每次哄我睡覺時，就會跟我說這樣一個故事：

從前從前有一座山，山上有一座廟，廟裡有一個會講故事的老和尚，和一位小和尚。老和尚講故事給小和尚聽，老和尚說：「從前呀有一座山，山上有一座廟，廟裡有一個會講故事的老和尚……」

每次我聽到這裡，就會忍不住笑出來說：「爸爸你又說一樣的故事了！」我猜到了，這是一個無限重複循環的故事，爸爸想用這個故事騙我睡覺，也啟發我去探索跟開始學習去問「為什麼」。

我好喜歡聽爸爸說這個故事，不管聽多少次我都不會膩。我聽的不是故事，我在聽爸爸的聲音，和他滿足開心的笑聲。

這是我六歲前對爸爸的記憶，那時的爸爸像個大英雄，很疼愛我，在爸爸身邊我覺得很安心、很有安全感，我只想賴在他懷裡，哪裡也不想去。和爸爸之間鮮少的記憶碎片，到現在都是我最珍貴的畫面。我和爸爸的兒時合影不超過四張，每一張照片中，爸爸都用雙手環抱著我，開心地陪伴我，唱歌給我聽。爸媽離婚後，我很少見到爸爸，但記得有一次爸爸帶我去吃牛排，溫柔地教我怎麼用刀切牛排。那或許不是我吃過最高級的牛排，但後來我每次吃牛排時，都依然想起那天的味道。

自從被送到阿公阿嬤家之後，我對爸爸的記憶也逐漸模糊，只記得爸爸意志消沉，像一個洩了氣的氣球，每天用酒精麻醉自己，唯一的目的是要離開這世上。

近一年，我才開始認識爸爸的過去，我第一次知道爸爸的生日，與從未為他慶生過的空白記憶。爸爸高中主修機械工程，創業失敗後，一度投入環保餐具的開發，希望藉由這項領先時代潮流的商品東山再起。他用糙米製作成碗，我記得那天他興奮地帶著這項新研發的產品讓我們試用，他研發出來的環保碗，不只可以用來盛裝食物，碗裡的食物吃完後，還可以把碗也吃進肚子裡，達到對環境百分之百零負擔的目標。我記得我表弟咬了一口那硬邦邦的糙米碗後，皺著眉頭說：「好難吃！」

爸爸的環保餐具事業，並沒有為他帶來翻身的機會，因為那概念太超前，在二十七年前，這樣的商業模式中是行不通的。當時沒有風險創投和多元的商業模式，更加不會有人願意為一個「概念」買單，以致於爸爸再度被貼上「失敗」的標籤，從此他的事業和人生都每況愈下，被困在失敗漩渦裡的爸爸，就連困獸之鬥的勇氣也被淹沒。

在那個男人在事業上沒有成就等於人生零分的年代，社會習慣用工作的成就來定義一個人的價值，生意失敗不僅讓爸爸在阿公、阿嬤面前抬不起頭來，也讓爸爸逐漸走出了我的世界。

後來我出國讀書後，父親終日喪志喝酒，對我不聞不問，逐漸成為我心裡塵封的一段記憶。我明明有爸爸，卻像是沒有爸爸的孩子，在我每個人生中的重要時刻，爸爸的位置總是空缺。在美國讀書期間，爸爸連一通電話、一封信都沒有給我，我很想忘記他，就像他彷彿已經忘了我一樣。

只是，父親和女兒血脈相連，我怎麼可能真的忘記我的父親？在內心深處，我無時無刻不想念著他，我很懷念兒時和他一起看武俠劇看到深夜的時光，我好期待他再次出現在阿公阿嬤家，再次出現在我面前。只是現實和想像之間的落差實在太大，我不知道要怎麼面對一個失意的父親，也不知道要怎麼解釋他的缺席和冷漠，我只好選擇逃避、選擇不去想，用理性掩蓋自己的傷痛，用灑脫包裹自己的脆弱。

然而，我從來沒想過當我再次見到父親，他竟是以這個樣子出現在我面前！

那時我已經畢業回台灣了，一天早上，我突然接到阿嬤打來的電話，阿嬤在電話中用狂吼的聲音告訴我：「妳的爸爸死了！」

爸爸因為心肌梗塞，在家時突然猝死。當下我立刻回到家裡，看到爸爸僵硬如石的身體、蒼白發紫無靈魂的臉，與他縮成一團的軀體，當天我失聲痛哭了一整個下午，直到我全身無力。這是我第一次面對死亡的真實性，也是我第一次實際經歷到失去至親的哀痛。

告別式當天，我是獨生女，祭壇上只有我一個人孤伶伶地站在那裡，一一答謝親屬，我心裡與背後空蕩蕩的感受，訴說著無比的淒涼。一直到現在，我才知道爸爸匆促的離開帶給我意識上的遺忘與潛在的傷痛，至今仍深深影響著我。

也是在爸爸離世後我才發現，多年的疏離，並沒有沖淡我對他的愛。

儘管他缺席了我的成長過程，但是他的身影依舊留在我的記憶裡，他依舊是我內心的巨人。

失去過至親的人都明白，喪禮的結束，往往才是家屬哀慟的開始。棺材闔上了，我以為我對爸爸的記憶也會隨之塵封、和他一同埋葬。這幾年，我很少想起爸爸，因為我早就已經習慣了沒有爸爸的日子，離婚的家庭是我不能向人提及的祕密，我的朋友更幾乎不曾從我口中聽到任何關於我爸爸的事。壓抑、忍耐，已經成為我的一種本能，加上工作瘋狂忙碌，我經常工作到深夜才能離開公司，根本沒有時間也沒有機會，我也沒有任何理由要想起爸爸。

遺憾、憂傷、痛悔……悄悄地蔓延我的心，趁著我不注意的時候。

我以為傷痛會隨著時間過去而消失，沒想到它們的確消失了，卻是從心裡偷偷竄進我的靈魂深處，讓我連流淚都覺得枯乾，連呼吸都覺得窒息……

一直到，我又再度和爸爸重逢，我才終於得到了釋放！

那天早上，我一如往常在家裡的客廳，一邊聽著詩歌，一邊向上帝禱告。我閉著眼睛，抬頭專心仰望上帝，這時候，我看見了我爸爸。

像是跑馬燈一樣，過去的畫面一張張浮現在我腦海中，我看見我小時候的每一張照片，都是爸爸抱著我，他對我的愛無庸置疑。

我想起爸爸教導我的方式，他會啟發我去探索、去問「為什麼」，他總是很有耐性地回答我的問題。

我看見爸爸在二十多年前，台灣根本沒有人在談論環保時，他就發明了環保餐具，他裡頭那份友善地球、關懷全人類的心意，彌足珍貴。

我看見爸爸眼中的迷惘和失意，他有理想、有抱負，只是他的才華能力，並無法轉換成等量的金錢。

我看見他的善良、他的溫柔、他對我的愛。那一刻，我覺得自己和他無比靠近。

過去我一直遺憾自己和爸爸相處的時間實在太少，他在我的記憶裡留下太多空白，現在我才明白，爸爸的教育對我有深遠的影響，他的幽默、溫暖、善良就像種子一樣，早已在我的生命裡開出了花。

去年十月，我夢到了爸爸，如果爸爸還在世，現在應該六十多歲了，我夢裡的他，正是六十多歲的模樣。在夢裡，我鼓起勇氣，和爸爸說出了我一直想告訴他的話，爸爸問我：「你願意原諒我嗎？」我說：「當然願意。」

又有一晚，我又夢到了爸爸，他翹著二郎腿，坐在我旁邊，愜意地微笑。我好享受在爸爸身邊的時候，我的心不再漂泊。

回顧爸爸的這一生，別人看是一場悲劇，在我眼裡卻是一齣社會寫實劇：一位出身書香世家、電機系畢業的高材生，被困在台灣社會既有的框架中，不被社會認同，也不被家人理解。他努力過、奮戰過，卻仍舊無法符合社會的期待，在他最需要被支持的時候，沒有人支持他，所以他只能背負著「失敗者」的自卑和羞愧，安靜地走下人生舞台。

事實上，「成功」的定義很廣，涉及的範圍與種類也很多，但在傳統舊時代的思想體系與教育制度中，男人的「成功」往往被限縮在事業成就上。在那個時代，不會有人去懷疑，「成功」與「失敗」究竟該由誰來定義？如果我爸爸活在二十年後的新時代，或許他會是一位眼光前瞻的發明家，或是一位胸懷世界的社會企業家。也或許他可以甘於做一個平凡的小人物，不需要去追求社會所定義的「成功」，不需要強逼自己成功。他可以擁有更寬廣的胸襟，去選擇自己真正想要的人生，就算是失敗了也無妨。

感謝爸爸用他的人生，啟發我去思考人生的價值和目標，現在當我想起爸爸時，縱使有淡淡的哀傷，卻有更多的感恩和甜蜜。雖然我和爸爸相處的時光，短暫得像彩虹，我對爸爸的思念，卻像地平線一樣無窮延伸。

有時候想著爸爸，我的心情就好了起來，每當我想起爸爸說的故事：「從前呀有座山，山上啊有座廟……」我就會忍不住笑出來，一如當年那個小小年紀的我。

我很慶幸，我還記得爸爸的聲音與他開懷的笑聲。

我竟然得了憂鬱症？

夜色，好深，好黑。

我凝視著床頭旁的鬧鐘，一點、二點、三點……不知道過了多久，直到天色微亮了，我才終於能夠睡著一會兒。

已經連續好幾個禮拜，我都無法入眠，有一股巨大的悲傷籠罩著我，經常讓我的眼淚不由自主地掉落，想停都停不下來。

這份悲傷是從何而來的？我很清楚，但是我竟無計可施！命運的洪流挾著我不斷往前行，而我只願自己能回頭多看一眼。

我很想念我的爸爸，但我已經失去了他。

爸爸過世後沒多久，我就聽聞美國媽媽因為感冒引發肺炎的消息，我立刻飛回美國去看她。在經歷一年的治療後，美國媽媽因為年老體衰，終不能抵抗病疾，人生畫上了句號。而我，沒有趕上送她最後一程。

失去美國媽媽後，從小撫養我長大的阿公也因為洗腎過程中，不幸受到細菌感染，在三天內就因病逝世。

接二連三的死亡、一連串的離別和失去，讓我的心彷彿裂了一個大洞，墜落至絕望的深淵。我很不開心，笑不出來，吃不下也睡不著。白天上班時，我還能平靜、公式化地運用我腦內的「自動導航系統」把工作處理好，但下班後切換到「私人模式」，我就像一個沒有靈魂的皮囊，沒有任何活力。

雖然晚上睡不著覺，我還是必須在早上六點爬起來、整理好自己的儀容，化上一絲不苟的妝，進到公司去上班。我身心俱疲卻還是強迫自己維持著生活的節奏，不允許自己喊累，也不願卸下責任，我像一根過度拉緊的弦，斷裂是遲早會發生的事。

雖然我已預料到自己總有一天會崩潰，但我沒想到那份力道會如此狂暴而強烈，不僅令我完全失控，也對我身邊的人造成巨大衝擊。

一天早上，幾乎整晚失眠的我，不小心睡過頭，進公司打卡時遲到了兩分鐘。我立刻接到老闆，也就是我媽媽的電話，她針對遲到的事向我訓誡了一番。

我知道媽媽管理公司一向講求領導者要以身作則，所以她對我要求特別嚴格，認為我不應該遲到，以前我也能理解媽媽的苦心，會盡力達到她的要求，沒有第二句話。但是那天，不曉得為什麼，媽媽的叮嚀像是導火線，引爆了我內心糾結已久的複雜感受，一股憤怒的情緒以雷霆萬鈞之勢瞬間湧上，顧不得這裡是公司，我對著話筒向電話那頭的媽媽大聲咆哮……我那鏽跡斑斑、緊繃的心弦，斷了。

精確地說來，我不是在「生氣」，我根本就是在「抓狂」。我情緒激動到全身顫抖，連我自己都被嚇到，我知道：Something is wrong. 我有些地方出了問題，但我不知道該怎麼面對這個陌生的自己，在失去這麼多摯愛的親人後，我似乎整個人都被掏空，連自己也失去了。

就醫確診、每天固定吃四顆抗憂鬱劑、四顆肌肉鬆弛劑……我和大多數憂鬱症患者一樣，開始踏上這條看似沒有終點的路，試圖從這一大片黑色迷宮中找到出口。我想起一位好朋友的媽媽，她在三十多歲時被確診患有憂鬱症，開始用藥物控制病情，這一吃就吃了三、四十年，我會不會也跟她一樣？

接下來的一段時間，我照常上班、忙碌於工作，但我的記憶卻像斷片了一樣，我的腦袋總是一片空白，整個人像遊魂似的，我只記得自己瀰漫在絕望的空氣中，每天想的都是「如何撐過今天？」

在醫學上，導致憂鬱症的原因是因為腦內神經傳導物質分泌異常，例如：多巴胺、腦內啡、血清素、正腎上腺素……這些神經傳導物質主要負責掌管情緒和睡眠、放鬆心情、調整食慾、血壓等，當分泌失衡時，便有可能誘發憂鬱症，有人把它視為是一場「大腦的戰爭」。

大多數人都體驗過「憂鬱」的感覺，也相信時間會沖淡悲傷、藉由正向思考能讓心情轉向光明、知足就能常樂。但這社會對於「憂鬱症」的認識卻還不夠，憂鬱症患者經常被誤解為「神經病」、「玻璃心」、「就是想太多才會自尋煩惱」，殊不知憂鬱症患者所面臨的處境，就像是大腦負責掌控情緒的司令部被敵軍占領了，在這場槍林彈雨的腦內戰役中，大多數人只能想辦法躲過敵軍的襲擊，多活一天是一天，根本沒有多餘的力氣和武器，可以絕地反攻、奪回失土。

英國作家J．K．羅琳曾在《哈利波特》中，塑造出一個可怕的角色叫做「催狂魔」，它會吸走人類的快樂和盼望，讓受害者宛如行屍走肉一般地活著，比死更絕望，凡是接近它的人都會被奪走生命的主權，毫無招架之力。據說，「催狂魔」的靈感原型就是來自於憂鬱症，J．K．羅琳也曾深受其害。

我的大腦在打仗，我的人生失控了，但我不想要棄械投降，憂鬱症不是絕症，我想要好起來。

在天天吞下八顆藥丸，連續服藥一年半後，我告訴醫生：「我不想再吃藥了，我已經感覺不到我的生活，我不想對生活失去知覺。」

雖然藥物讓我情緒能夠保持平靜，流不出一滴眼淚，但我總是感覺心裡空空的，像是整個世界都與我無關，我不想要這樣活著，我想要找回生命的熱情，我想要每一天都活得有意義。

我看了歐陽靖的書，被她透過慢跑來走出憂鬱黑洞的歷程鼓舞，我也試著開始慢跑，從小就不喜歡運動的我，堅持一天跑五公里、一個禮拜跑三天。每天下班之後，我就在住家附近慢跑，一跑就跑了三年，算一算，那段時間我至少跑了一四三〇公里。我的生活很簡單，不是工作，就是慢跑與閱讀。

從科學的角度來看，運動能促進大腦分泌多巴胺，並且增加血清素，透過長時間耐力型運動，效果會更顯著。我也感受到慢跑時，我的腦袋可以調節運轉的節奏、幫助我思路更清晰，也讓我從工作時的高速、高壓運轉中得到緩和。

我也遵照醫囑，就算吃不下還是要吃，也要補充適當的營養品。安靜下來慢慢地深呼吸、每天練習寫下三件值得感恩的事，都會讓我更有力量去對抗憂鬱（最近我也發現國外開始販售多巴胺、血清素的健康補給品，也許會是病友的一大福音）。

持續調整生活一段時間後，我獲得醫生的許可，總算可以停止服用藥物。

如果你問我，停藥是不是代表憂鬱症痊癒了？我會這麼說：「憂鬱症就像過敏一樣，過敏症狀解除了，不用再吃藥控制，不表示你就沒有過敏，一旦遇到過敏原或自身免疫力不足，過敏症狀就會復發，憂鬱症是一輩子要去克服的問題。」

雖然停止服藥了，但我還是快樂不起來，我找不到人生的價值意義，也不曉得有什麼東西能夠讓我快樂。外面的人看我，頂著高學歷、身穿華衣美服，物質上一無所缺，認為我是在無病呻吟，卻不曉得當我去過世界的巔峰、踏遍時尚之都、看盡人間的繁華，我卻仍然不能感到滿足的時候，我心裡的那份荒涼該是何等龐大、何等空虛啊！

為了尋找人生的解答，我花了很多時間閱讀，很多書裡都有幾句智慧之語，帶給我一些啟示和亮光。知識，讓我更認識這個世界，也更明白未來的方向，但要舉起沉重的步伐走向明天，我需要的顯然不只有知識而已。

我偶爾會去台大醫院兒童癌症中心做義工，在因緣際會下，我在兒童病房認識了教會的師母，她邀請我一起讀《聖經》，連續三個月，她每天都帶著我查考研讀《聖經》，讓我重新認識基督信仰。

在她的帶領下，我也為《聖經》的豐富詞藻、精妙邏輯、深奧道理感到深深著迷。如果說過去我從書中所得的智慧像是一顆顆珍珠，《聖經》中的真理就像是串起珍珠的鍊子，集各種人生智慧於大成。更精確的說法，是各種人生智慧皆是從《聖經》而來，《聖經》裡無窮的智慧話語不僅吸引我去細細品味，也讓我逐漸摸索出一條走出黑暗迷宮、通往應許之地的道路。

靠著信仰的力量，我也終於有勇氣回溯自己的過去。許多憂鬱症患者發病的根源，都是來自於重大創傷，例如：災難倖存、親人死亡、意外交通事故、離婚等，這些傷痛若沒有好好被處理，就會埋在心裡，成為壓力的來源，被稱為「創傷後壓力症候群」。

我在媒體報導中看見英國皇室的哈利王子也長年深受「創傷後壓力症候群」的困擾，他在十二歲面臨母親黛安娜王妃之死，小小年紀的他不知道該如何抒發情緒，甚至在母親的喪禮上，他被迫走在媽媽的靈柩後面，被現場數千名陌生民眾包圍，全球有數百萬名觀眾在電視機前面收看。從那時候開始，哈利王子就將所有情緒反應都關閉起來，拒絕去想媽媽，因為那於事無補，只會讓自己更加難過。之後長達二十年，他都壓抑著自己的情感，因此對於工作、生活都產生了負面影響，他經常感到焦慮、不知所措，感覺自己已經到達精神崩潰的邊緣。

當我看到哈利王子的經歷，我彷彿也看見了自己的童年。我在六歲時與父母生離，如今和摯愛親人死別，我也和哈利王子一樣，選擇關閉自己的感覺，拒絕去想，壓抑所有的感受。然而，看不見不代表不存在，那些黑暗的感受並沒有消失，只是被掩埋、深藏在內心的黑盒子裡。

從美國心理學家薩提爾（Virginia Satir）提出的「冰山理論」來看，我的內心像是一座巨大的冰山，浮出水面的那一角比喻我的外顯行為，多年的自我壓抑和後天修養，讓我表面上看似得體、正常，能夠符合人們的期待，但藏在水面下的「內在自我」，卻累積了很多負面的感受、觀點，以及長期被忽略的需求，憂鬱症是我情緒反撲的途徑之一。

成長過程中的重大創傷事件，像是黑色的種子，悄悄在心的底層生根發芽，逐漸長成大樹、浮上檯面。然而，即使明知道自己悲傷的根源，卻很少人能夠把種子連根拔除，因為要回溯過去，等於要再一次經歷那份椎心之痛，黑色的創傷種子外面包裹著一層厚厚的「恐懼」外衣，讓人不敢碰觸，也不願回顧，只想逃避、不去面對。每次和心理諮商師聊天時，我都會告訴他：「我不想要再去挖過往的傷口，我很怕去回憶從前的事，那對我來說實在太痛苦了！」

還好在信仰的支持下，有一份愛包圍著我，讓我能夠坦然無懼地敞開心房來回溯我的童年，找出創傷根源——我記起了我的爸爸，彌補了部分記憶的空白和缺憾，讓我更能接受我自己。基督信仰像是把我心靈花園的土地翻了一遍，把每個讓我感覺傷痛的黑色種子一個個拔除，取而代之的是種下感謝和安全感，讓我感到前所未有的輕鬆、自由。

能夠爬出黑暗深谷，自在擁抱陽光，這過程中的每一步都是一個奇蹟。直到今天，七年來我都持續運動，維持自律的生活習慣，加上四年來穩定的信仰生活，以阻止憂鬱的侵擾，我不敢說自己已經完全戰勝了憂鬱症，但我可以確定，我絕不會輕易被它打敗！

與憂鬱症共存

一旦被確診罹患憂鬱症，憂鬱症就會一直跟你糾纏不清，我稱它為「我的恐怖情人」，我沒辦法把它趕走，但我會努力和它保持距離。

罹患憂鬱症並不可怕，它就像高血壓、心臟病、糖尿病一樣，是個無法根治、需要長期被控制的疾病。然而，人們不會去勸誡心臟病患者：「你要努力讓自己好起來！」卻有很多人會「好心地」去「鼓勵」憂鬱症患者：「你要快樂一點、想開一點！」彷彿這是病人可以自行操控的一樣，甚至有人會認為「會得憂鬱症就是因為太好命，把你丟到烏干達難民營，哪還會有什麼憂鬱症！」這是對憂鬱症病友最殘忍的批判。

事實上，憂鬱症患者也會想要快樂一點，但是他們的大腦卻無法產生快樂的感覺，要求憂鬱症患者「努力讓自己快樂」，就像要求骨折的人「站起來跳舞」，他們不是不想，而是根本做不到！身體上的疾病因為看得見，所以能夠被同情，並且獲得照顧，但大腦中的缺損別人看不見，因此往往只能換來閒言閒語。

我不否認，一個人會生病，必定多少和他的性格、飲食、生活習慣有關，每個人都需要為自己的疾病負責。但這個社會卻似乎對憂鬱症病患的苛責大過於同理，甚至連共處一室的家人都很難理解，「為什麼好好的一個人要把自己搞到得憂鬱症？」一個被疾病折磨的人必須努力去獲得別人的接納，甚至是「原諒」，這是一件很弔詭的事。

如果你體會過被憂鬱症纏身的痛苦，你就會相信，沒有一個憂鬱症患者會「願意讓自己得到憂鬱症」，憂鬱症患者也想好好地去愛、去玩，但什麼限制了他們？不完全是疾病，更多的是別人的批判。

有一項統計指出，在美國，每四個人當中就有一人患有精神疾病；

世界衛生組織（WHO）也發現近十年全球憂鬱症人口成長近四倍，憂鬱症不分年齡和社會階層，已向每個地球人發出警報，是全球人類都需要重視的議題。與其落井下石、向憂鬱症患者丟石頭，不如花點時間去了解、去預防，雖然在醫學上，心理疾病只有「有病」和「沒病」之分，但絕大多數的人都處於兩者之間。

如何預防憂鬱症纏身？每一個病友得到憂鬱症的原因、時期都不同，但仍然有跡可循，我們之所以比其他人更容易受到憂鬱症的侵擾，確實和自己本身的性格特質、成長背景有關。

根據心理學家的研究，低自尊、完美主義、高敏感度……擁有這些性格特質的人，最容易罹患憂鬱症。除此之外，也有許多憂鬱患者是受到後天的影響，像是遭遇了重大刺激、在破碎家庭中長大，這也是滋養憂鬱症的溫床。

而我似乎集結了以上各種憂鬱症高危險因子，我很小就體驗到失去的感覺，家庭破碎造成我情感被忽視和剝離，而我對人、對美、對世界的高敏感度，也促使我會去放大每個細節，情緒更加容易波動。此外，因為對自己有要求，我也經常陷入完美主義的泥淖中，總覺得「不夠好」、「還可以更好」，這和低自尊是一體兩面，加上親人接二連三的離世，憂鬱症不找我要找誰呢？

釐清憂鬱症的源頭並不是要把自己的疾病合理化，而是為了要在往後的日子，對這些地雷保持警覺。我在心理諮商師的幫助下，學習改變自己的生活習慣，我的行事曆中除了一堆工作上的待辦事項，我也加入了每天的例行功課，例如：「深呼吸吐氣十分鐘」、「安靜地坐著什麼都不要做」、「向上帝禱告尋求支持」。

以前我太過急躁緊繃，現在我經常提醒自己要慢下來，並且照顧自己的飲食，讓身體健壯，心靈才能剛強。我也學習大前研一的「ＯＦＦ學」，上班時候「開機」，下了班就「關機」，找到靜下來的平衡點。最困難的是，我不能再隱藏自己的情緒，要學習說出真實的感受，讓自己情緒有出口，並且在人際相處時劃下合宜的界線，不要想要討好所有人，也不把過多的責任攬到自己身上。

我用一個本子，寫下每一天的「訓練清單」，按表操課，朋友笑我太認真，我告訴她：「我好不容易才可以停藥，恢復正常生活，我不想讓過去的付出白白浪費，我一定要得到一個好的結果。」

如果說憂鬱症是一場大腦的戰爭，那麼我的「後憂鬱時期」，每天都像是在練兵，我要讓自己有健壯的體質、足夠的糧彈，隨時預備好要打贏這場仗！

所有能夠對抗憂鬱症的方法，我都盡力去嘗試，除了運動，我也第一次走進畫室，拿起畫筆，畫出我人生第一張正式的油畫作品。

我從小就喜歡畫畫，雖然出社會以後，我已經很久沒有拿起畫筆了，但我記得小時候畫畫帶給我的快樂，很想要再次重溫那份悸動。我不懂任何關於繪畫的學術理論和專門技巧，僅憑藉與生俱來的美感，和長年歐美文化薰陶所累積的時尚美學嗅覺，我試著將無法用言語形容的感受，透過筆下的色調來傳達，在這一筆一劃中，我串起了我的過去、現在與未來，感受畫畫本身的療癒力。

心理學上來說，畫畫是一種深層照顧、安撫自己的藝術治療，在作畫的過程中，創作者可以把他人和世界全都屏除在外，留一段時間給自己，和自己好好相處。不需要去解釋這幅畫的意義，只需要把情緒的重量，揮灑在畫紙上。

那時的我，從未想到自己有一天會開畫展，我只想透過作畫來拿回情緒的主控權，在畫布面前拿著畫筆的我，彷彿能夠主導一切，創造出屬於自己的彩虹。

在極度的自律下，憂鬱症逐漸遠離我，我不需要吃藥，也能正常工作，就和從未得過憂鬱症的健康寶寶沒兩樣。我以為我已經「康復」了，但是我卻低估了憂鬱症的威力。能夠正面交手的敵人並不可怕，從背後偷襲的敵人，才令人防不勝防！

在阿嬤過世後的幾年，也正是我在寫這本書的過程，我無預警地回憶起許多小時候的往事，對阿嬤的思念、對失去親人的恐懼……一時之間全湧了上來，「他」又回來了！原來這位恐怖情人一直在遠處等待、伺機而動。

還好，我已經有之前的經驗，不會任憑它為所欲為。一開始察覺到自己「怪怪的」，開心不起來，我就立刻去諮詢專業醫師，將用藥狀況放入病歷紀錄中。以前，當負面情緒吞噬時，我會自己一個人躲起來，不想去影響到別人，但現在我知道，我必須向朋友求救。

憂鬱症病患通常有一種特性，就是會不斷重複講相同的事件，我曾經陪伴過一位患有憂鬱症的好友，她每個禮拜都在跟我說一樣的事，一遍又一遍，聽到我都會背了。我知道我自己需要抒發，但又不想造成別人的困擾，所以我決定找十個知心好友，在我情緒需要抒發的時候，在朋友有時間聽我說話的時候，輪流聽我說一遍，通常當我把同一件事重複說了五遍，把該哭的眼淚哭完後，我就會感覺好多了。

有時失眠，半夜兩點多醒來，我就打電話找住在美國的朋友聊；半夜四點多醒來，我就找住在澳洲的朋友聊，我把自己放在人群中，讓朋友的愛包圍著我，不帶批評的傾聽、沒有壓力的陪伴，就是治療憂鬱症的特效藥。

雖然這次發病突然，令我措手不及，但我恢復的速度也比往常還要快。或許我的憂鬱症永遠不會有完全康復的一天，但我知道：**心理疾病不會復原，但是，人，會復原**。

在未來世代，憂鬱症的病友勢必會愈來愈多，你我身邊的人也許正在經歷說不出口的事，能不能讓我們多一點傾聽、少一點論斷？**不要輕易為別人貼上「精神病」的標籤，也不要讓別人來定義你是誰**。

套句韓劇裡的經典台詞，「沒有正常與不正常，只有發現而不是偏見。」我們不是「精神病」，我們只是「心理健康出了點狀況」。

感謝歐普拉與哈利王子在《你看不見的我》（*The Me You Can't See*）節目中的拋磚引玉，帶給我勇氣，分享我抵抗憂鬱的故事與經歷，希望能藉此帶給大家一些可以嘗試方法。每一本書都是一個世界；不論你的生命中有創傷或失去了心愛的家人朋友，你不是孤單的。

憂鬱症要到康復的一刻，是真正懂得挖出內心最深刻的傷痛是什麼，直到可以站穩，不被一樣的問題重複淹沒，就是豐盛富足的開始。每天學會「洗腦自己」，篩選出好的思緒，讓自己容易從小事情心存感謝，創造正念想法，重拾心靈健康。

記憶的力量

走過七年漫長的憂鬱症旅途與持續三年穩定的生活規律，這當中的辛苦一般人實在難以明瞭，但一路走來，我也有滿滿的感謝。

感謝我的乾爹，他就像是我的第二個父親，在我十年前剛罹患憂鬱症時，我完全癱瘓在黑暗的谷底，每天以淚洗面，連擠出微笑的力氣都沒有，是我的乾爹主動帶我去看醫生，我才迎來下一步轉機。

我和乾爹的緣分始於很多年前，那時我媽媽健康出了問題，需要動手術，她擔心手術的風險，想到萬一出了意外，留下我一個人，我該怎麼辦？因此她拜託她的好朋友收我做乾女兒，希望能讓我享受到父愛，不至於孤苦無依。

我的乾爹是一家大公司的負責人，我經過傳統拜契儀式，正式成為他的乾女兒。乾爹很忙，卻非常疼我，我寫給他的卡片、紅包上寫的祝福話語，他都會很仔細地看完；我們一起吃火鍋時，他會幫我把肉涮好；定期花時間聽我說話，確認我的健康狀態，即使我患了憂鬱症，每次講的都是一樣的東西，他還是會很有耐心地傾聽，極盡包容地接收我的負能量。

等到我病情好轉後，我回顧自己的胡言亂語，我忍不住好奇地問乾爹：「你怎麼受得了聽我說一樣的話說了七年？」

乾爹知道我小時候孤單長大的歷程，他說，他把我當成親生女兒一樣，無論我要求他做什麼，他都會願意為我做。

他一說完，我就指著桌上的巧克力蛋糕，要求他說：「那你就把這巧克力蛋糕吃完吧！」

不出我所料，他立刻反悔，大喊：「不行！」

我知道他因為健康需要控制吃甜食，我是故意逗他的。我喜歡跟乾爹開玩笑，沒大沒小，如果我的爸爸仍在世，我想這也許會是我們相處的方式吧。

當我被確診得了憂鬱症，乾爹從來不會給我任何壓力，不會叫我要「快點好起來」，他只是告訴我，要記得我身邊有很多關心我的人，提醒我「要讓你的心控制你的大腦，不要讓你的大腦控制你的心」、「無論如何，不要再陷下去」……乾爹的話猶如醍醐灌頂，讓我茅塞頓開。同時充滿了溫柔的同理，讓我感受到他是真的關心我，無論我怎麼樣他都會接納我，不只是「為我好，所以想要改變我」。

我常常和乾爹說：「你是我的救命恩人。」是他把我從憂鬱的懸崖邊緣拉上來，他也滿足了我對父愛的渴望，每當想起乾爹，我的心裡總是洋溢著無盡的感恩。

縱使童年的缺憾無法彌補，但是童年的記憶可以重新形塑。有時我向乾爹訴說一些傷心的事，他會跟我開玩笑說：「你去看看有什麼方法，可以把那些傷心的事全部忘掉？」

結果，還真讓我找到了一些方法！

在耶魯大學系統神學教授沃弗（Miroslav Volf）所著《記憶的力量》（*The End of Memory*）一書中，有段話深深吸引了我的目光：「我不會因為只是記起什麼就得醫治；我會好起來是因為我在看我記起的經歷時，運用了新的見解。」

我找出我童年時期的照片，宛如走進時光隧道。這一回，我不只看見那個被爸爸、媽媽遺棄的我，我也看見了被阿公、阿嬤疼愛的我。

儘管我一直都知道阿公、阿嬤很愛我，但過去我卻沒有把他們當成我童年歲月中的主角，對父母的思念占據了我的心，讓我沒有空間細細去品味阿公、阿嬤對我的愛。尤其是我阿公，所有父親該負的責任，他幾乎都為我做到了。他和阿嬤就像是我的養父母，手把手牽著我長大，教我讀書，照顧我的起居，讓我沒有半點缺乏。

據說，阿公年輕時原本要當醫生，但因為日治時代經濟環境不允許，所以外公後來陰錯陽差地去了桃園中正國際機場檢疫所上班，一路當上所長。阿公每天出門去上班前，都會抹好髮油，穿上整套完整的西裝，包括皮帶、領帶、皮鞋，這是那個年代公務員的標準行頭。

小時候，阿公常帶我去逛桃園機場，讓我見識到很多日本進口的舶來品。曾經有朋友說，我的畫作使用的色彩像是「和菓子」，溫柔細膩與豐富鮮豔並存，我想多半是受了那段時期日本藝術的薰陶。

阿公上班之餘，還利用時間自學英文、日文，偶爾兼差做翻譯貼補家用，假日就帶著全家人出去玩，喜歡拍照的阿公還會充當攝影師，為阿嬤記錄很多美麗的畫面。

自從我住到阿公阿嬤家以後，每天晚上阿公下了班，就會陪我寫功課。我要參加演講比賽，阿公就幫我錄音，讓我每晚睡前反覆聽，不知不覺就把演講稿背得滾瓜爛熟。

在我記憶中，阿公只有處罰過我兩次，一次是在我十歲左右，我在客廳吃巧克力，阿公怕我吃太多，要我把巧克力拿給他收起來，我很不高興，直接把整盒巧克力丟到阿公懷裡，那一次，阿公用雞毛撢子狠狠抽了我一頓，也讓我明白，「無論在任何情況下，都不能逾越長幼尊卑的分際。」

另外一次，是我的表弟剛出生，阿公、阿嬤多了個孫子，每天抱著小嬰兒笑得合不攏嘴，讓我覺得很不是滋味，出於嫉妒的心理，我故意去欺負表弟，沒想到卻被阿公發現，挨了一頓打，這次阿公教會了我，「要友愛手足。」

現在回想起這兩次挨打的經歷，我一點都不覺得委屈，反而能深切感受到阿公的管教中，有對我深切的愛與冀盼。

在阿公的引導下，我學習當大姊姊，去愛護小表弟，表弟長大後，跟我感情十分要好。阿公過世時，我摸著左手臂上的牛痘疤痕，懷念地說：「這是當年阿公幫我打的預防針……」

表弟露出欣羨的眼神，盯著我手臂說：「真好！你可以把對阿公的記憶留在身上！」

我的阿公真的是十項全能，幾乎什麼都會，而且全心全意地為家庭付出。有這樣的一個「超級阿公」守護我長大，我已經比很多人都幸福了，我要練習去看我所擁有的，不去看我失去的。

前陣子，為了更新我的童年記憶，也因為我生病需要停下工作休息療養，我終於有時間去看我父親的親人，我也和表弟一起回到阿嬤的故鄉台南。那裡的親戚都認識我的阿公、阿嬤，有些親戚也還記得我爸爸，我想要找到一些蛛絲馬跡，讓我的思念能夠落地，也為我的童年回憶創造新的軌跡。

九十一歲的姑婆雖然已經失智了，但當我給她看照片時，她還可以認出我爸爸的樣子，她指著照片中的人，喃喃唸著：「妳爸爸是一個很好的人。」

台南八十多歲的嬸婆，是阿嬤親如姊妹的閨密，我和表弟來到嬸婆的房間，聞到嬸婆衣櫥的味道，和記憶中阿嬤的衣櫥味道一模一樣，都散發著一股獨特的清香。我表弟聞著聞著，就哭了，我也感動到眼眶泛紅。我們真的好想念阿嬤啊！

能在台南老家發現一些和阿公、阿嬤有關的浮光掠影，讓我對他們的追憶能夠抒發出來，對我而言是莫大的安慰，也讓我內心失落的那塊逐漸被修復。

失去的不會回來了，但是，愛一直存在。

現在再回想自己的童年，我會把焦點放在阿公、阿嬤對我的呵護，告訴自己：「我不是被拋棄的，我是被愛著的。」

很多憂鬱症的根源都是來自童年時期的創傷和陰霾，受傷的心使我們用扭曲的眼光和受傷的經驗來判斷事情，甚至影響了腦部的運作。唯有當破碎的靈魂被醫治了、心的空處被愛填滿了，我們才有能力驅動大腦去「換個角度想」，從創傷記憶的牢籠裡走出來，為過往的記憶賦予新的意義。

此外，憂鬱症患者也需要花更多時間與人連結，感受別人對自己的愛和支持。環顧我的身邊，有媽媽、乾爹、教會的牧者，還有很多知心好朋友們都陪著我，正向關係的連結使壓力可以得到紓解，也讓我面對憂鬱的情緒一波波襲來，我能夠隨時找到出口。

過去的時光不會重來，許多因重大創傷所導致的憂鬱症病友也別無選擇，會一直「活在過去」，被過去的創傷所羈絆，走不出來。但藉由一次次自我察覺，我們可以回到舊時光裡，去蒐集一小片、一小片愛與關懷的憑據，將它們重新拼湊成一份充滿愛的回憶地圖。深淵過後，我們終將能翩然甦醒，如獲重生。

III

二代之路

上不了班，只好接班？

「超級瑪利歐」是風靡到現在的明星級遊戲，也是我最喜歡玩的電玩遊戲之一，每一關都是一場新的冒險，難度設定得很具挑戰性，玩家必須費盡心思才能破關，而破關那一刻的快樂，是那麼的令人著迷……

我從學生時代就是電競高手，透過電競遊戲可以訓練自己的反應力、整合力、策略力等，當我愛上一款遊戲，我會花時間仔細地研究攻略，想盡辦法破關。這份積極想要破關的決心，也在我工作時成為我推進任務的一個習慣。我的電腦桌面上，設定了我需要攻下的「超級瑪利歐」的檔案圖像，代表那是我正在破的關，我渴望能夠突破自己、不斷往前，將打電動時分秒必爭、廢寢忘食的精神，轉換為職場上攻無不克、戰無不勝的破關精神。

旁人看我，都會認為我是企業「接班人」、「繼承人」，把我視為「天之嬌女」，但其實，進入媽媽公司工作，從來都不在我的人生計畫之內，我大學畢業前就曾向媽媽挑明說：「我絕不可能去你公司上班，我要靠自己的雙手去掙到我想要的東西。」

大學畢業後回到台灣，我開始找工作，這才發現沒有工作經驗的社會新鮮人求職並不容易。因為我大學時主修商業管理，但大多數公司都不會聘用沒有實際在大企業工作資歷、只有知識理論的應屆畢業生來協助公司「商業管理」，而我唯一可以立即勝任的工作是教英文。在四處投履歷等候面試機會之際，媽媽問我要不要到她公司打工，賺取自己的生活費？

我從以前就很喜歡服務客人，學生時期在美國的日本餐廳打工，我就會主動和客人聊天，漸漸和熟客建立像朋友一樣的關係，有時還會多盛一瓢白米飯給客人，把他們碗中的飯堆得高高鼓鼓的，看他們吃得很飽、心滿意足，我就會覺得很開心。當時的我，以為自己應該畢業後，就會嫁到日本去，所以對於工作沒有什麼想法，也沒有太大的野心，既然媽媽的公司需要打工的人手，那我就去試試看吧！

於是，我進到第一線的門市打工，擔任禮服祕書，雖然我從小就對婚紗禮服不陌生，但是面對面服務客人，我還是第一次！我像研究遊戲攻略那樣，很認真地去弄清楚每個環節，不放過任何一個小技巧。如果你打過電動，那麼你一定知道，破關的密技往往就是一個不起眼的小動作！對當時的我來說，每個客人都像一個待破的關卡，我嚴陣以待、用心經營，期待自己能帶給客人最好的服務。同時，我懷著和以前在餐廳打工同樣的態度，真誠地想認識每一位客人，我希望他們都能穿上最好、最適合的禮服，在鏡子前流露出滿意的笑容。

我的努力，讓我很快就掌握了婚紗的專業；我的用心，客人一定能夠感受得到。打工幾個月下來，我服務的客人所挑選的包套服務，單價是全公司最高的，也就是說，客人非常滿意和信任我們公司的商品和服務，所以願意多花一點錢來購買我們公司最優質的服務方案。

為客人挑選婚紗，也讓我的美感與時尚理念有發揮的機會。我會先了解每一位客人的背景，建議他們適合的禮服款式，若客人從事廣告業，他可能會特別在乎禮服的設計理念、服務的貼心度；若客人從事科技業，通常他會很尊重我們對美感專業，但是很講求ＣＰ值。有的客人肩膀上有胎記，就不能穿斜肩設計的禮服；有些客人身材很嬌小，就要挑對禮服增加新娘的氣勢。

我把自己的工作角色定位為輔助者，負責提供專業意見，輔助新娘找到命定的婚紗，最終客人要穿什麼，仍是由他自己決定。若客人採納我的建議，我會很開心；若客人有自己的想法，我也會盡力幫助她展現出最美的樣子。每一位客人，我都用心地去服務，一直到現在，我都還記得每位我服務過的新娘結婚當天所穿的白紗禮服設計與她們的容貌。

由於林莉婚紗品牌在一般大眾的印象中是前衛、高質感、有設計感的，所以會選擇我們家婚紗的客人，也大多都勇於與眾不同，願意挑戰其他人沒做過的嘗試。

我記得有位新娘，夫家是餐飲業者，他們在自家餐廳擺喜酒宴客，我根據新娘的氣質，建議她穿一件黑白禮服，那件禮服有結構性的筒袖，穿在身上有氣勢、有張力，能夠把她的優點完全凸顯出來。在台灣婚禮中，黑色是一般人會忌諱的顏色，但這件禮服黑白相間，並不是一片暗沉黑色，因此新娘採納了我的建議。

婚禮當天，在一片張燈結綵、喜氣洋洋的紅色布置中，穿著剪裁立體、黑白禮服的新娘，完全抓住了眾人的眼光，無論從哪個角度看都十分完美，不只賓客們讚不絕口，新娘自己也非常滿意，她很感謝我推薦她穿這件「別的新娘都沒有」的禮服，我一直都很希望每個新娘都是與眾不同的獨特與出眾。

也有一些新娘本身身材較特殊，例如，上半身很豐滿，或是西洋梨型身材，上半身穿S號，下半身卻要穿到L號，這讓她們很難挑到合身的禮服。很多新娘都是在其他婚紗公司試穿到感覺很挫折了，才輾轉找來我們家，我們家的禮服不只是根據東方女性身型剪裁設計，還可以為身材特殊的新娘量身訂製專屬她的禮服。每個女人的身體曲線與比例都是不同的，禮服和內在美與服飾一樣，若是穿著合身，就能夠將自己的優點展露，修飾缺點。

不過訂製禮服的預算會比租借一般婚紗要來得高，為了替客人省錢，也不浪費資源，我也會提供客人訂製禮服、婚禮後再把禮服賣回給我們公司的平價方案，讓每一位客人來到我們店裡，都能微笑著走出去。

在我的服務經驗中，我曾遇過一位可愛的棉花糖新娘，在亞洲租賃市場中一直找不到她夢想的婚紗，透過開誠布公的溝通，我知道客人其實沒有很高的預算，但是她願意接受我的建議，訂製一件完全符合自己的身型、一百分的夢幻婚紗。沒想到在婚禮前三個月，訂製婚紗做好了，這位新娘居然懷孕了！還好她挑選的禮服背後是用綁帶固定，能配合身型變化稍加調整，真是讓人虛驚一場。

既然身處第一線服務業，我偶爾也會遇到一些不容易服務的客人，有些新娘試穿了六十至八十件禮服，都還是覺得不滿意。而婚紗禮服大多鑲滿亮片水鑽，每一件都至少二～五公斤，最重的訂製服會超過十公斤以上，沉甸甸的，若客人一直試穿都不做決定，無疑是增加服務人員體力上的負擔。

雖然服務這樣的客人會很累，但從小就善於觀察的我，卻很喜歡跟不同的人接觸，我可以從新娘的表情看見，她不是對禮服不滿意，她只是沒安全感，擔心自己太快做決定，會錯過其他更好的，或是對自己沒自信，怎麼看都覺得自己似乎「還可以再更好一點」。我也會在和新娘閒聊的過程中，感受到籌備婚禮的焦慮，如果雙方家庭意見不一致，那麼新娘的壓力就更大了。

婚紗產業是一種深度服務，每一次服務客人的時間都超過兩小時，從客人第一次到店諮詢、挑選方案、試穿禮服、拍照、選片……每一對新人平均需要八到十二次的深度服務，每認識一對新人，我就彷彿走進他們的生活中，見識了他們世界裡的浮光掠影，這對我來說是很新奇的體驗。

每天站在第一線面對各式各樣的客人，與客人溝通交流，幫助客人發掘自己最美的樣子，讓我感到非常愉快，也帶給我很大的成就感，不知不覺，我就在媽媽的婚紗店工作了一年。這一年中，我和很多客人都變成了朋友，有一次我在路邊發傳單，遇到了我曾經服務過的新郎，他為了跟我聊天，乾脆站在我旁邊，陪我一起發傳單，這份單純的友誼，我一直銘記在心。

這些客人都不知道我是老闆的小孩，所以我可以和他們自在地交流，沒有任何負擔及壓力。在婚紗店工作的第一年，我遇到至少三位客人想要挖角我，他們認為我勤快、細心又熱情，是個可塑之材。

工作過程中，我也開始服務一些上市上櫃公司老闆或高階主管，為他們打理適合的形象裝扮。這些層峰級的客人有一個共通點，就是十分講求效率，一進門就是「快！快！快！」唯一能使他們折服的方式，就是反應要快、講話速度要快，甚至在客人還沒開口前就先一步替他想到，服務時必須全神貫注、隨機應變、及時滿足客人的需要，挑戰性很高，但這也是磨練專業最快的方式。

由於我在西方國家生活多年，加上和美國媽媽長期互動的經驗，讓我比較沒有華人傳統的位階感，在美國，無論是面對老師、老闆，或是年紀比我大很多的叔叔阿姨，我們通常都是直呼名字，尊重而不畏懼。因此，當我面對這些有頭有臉的大人物時，一來是我很習慣跟比我年長者做朋友，二來是我剛從國外回來，根本不知道他們是誰，在服務他們的過程中能夠用平常心來發揮專業，在我以真誠的態度挑選到無可挑惕的單品後，客人都感到十分滿意。

回想起那段剛畢業四處求職的日子，現在有現成的工作機會端到我面前，不正是我夢寐以求的嗎？然而，每次遇到客人邀請我跳槽，我都會把它當作是一份肯定，卻從來沒有考慮過要到客人的公司去上班，只把這事看作是一場玩笑。或許早在那個時候，我就已經不知不覺地扎根在媽媽的公司，將它視為我的來處和歸處，從此和「LinLi」這個品牌分不開了……

在婚紗店打工一年後，我正式加入媽媽的公司，成為每個月固定領薪水的上班族。初出茅廬的我，有著滿腔的衝勁和熱情，帶著「破關」的精神勇敢接受任何挑戰。我認為對於社會新鮮人來說，「堅持破關、不放棄」是很重要的。當我們在職場上找到工作，就像拿到了遊戲的入場券。玩過「超級瑪利歐」的人很多，破了一、兩關的人也很多，絕大多數人都是卡在第三關就放棄了，**只有願意花時間去鑽研攻略、累積實力的人，才能玩到終點，成功解鎖人生的夢想。**

畢卡索不是生下來就是畢卡索，他是一個月畫三十幾幅畫，沒日沒夜都在畫，才畫出了曠世巨作；貝多芬也不是生下來就會彈琴，小時候的貝多芬，練琴練到把手練腫了，他也還是不休息。進步沒有捷徑，優秀都是練出來的！想要在職場上找到自己的舞台，我和你，都需要付出無比的努力。

回歸與出走

當員工比較辛苦，還是當老闆比較辛苦？

關於這個問題，員工有員工的辛苦，老闆有老闆的壓力，但我認為，最辛苦的，莫過於當「老闆的小孩」。我是員工，卻被要求要從老闆的視角來綜觀全局；不會有任何一個基層同事和我交心，同事只會把我視為老闆的眼線；資深員工知道我是「老闆的小孩」，也會用較高的標準來評價我，期盼我能做出睿智的決策、亮眼的績效。但我畢竟不是真正的老闆，我說的話並沒有分量，我經常在老闆和員工兩個身分中游移，找不到自己的定位，也時常被夾在公司員工和老闆中間，面對各種複雜的人際關係。

在婚紗店擔任第一線銷售人員滿一年後，我進入公關部擔任公關助理，負責撰寫發布公關新聞稿、洽談各種異業合作案，學習和造型師、攝影師、網站設計師、工程師溝通，每天深入各項細節，像一塊海綿般吸收不同層面的新知，漸漸磨亮了我的專業。

當時「林莉婚紗」還接了電視台新聞主播的整體造型，老闆把這項重責大任交付才二十二歲的我，讓我去電視台與主播們溝通，為他們打造能夠彰顯個人優點、又具有辨識度的造型。乍看之下，這項工作似乎只需要我們專業的美感和造型技巧，但實際上，這工作還包含了大量的人際溝通，應對進退必須恰如其分，不能得罪人，同時又要堅守我們的專業立場。

即使主播們學富五車、談吐不凡，但大多數人對於「美」的形容、表達方式，都還是抽象得令人難以捉摸。有時請主播定裝，他們會說：「這件衣服質感不對！」「這款式不對！」讓我必須花很多心力去溝通、揣摩，「這個不對，那什麼才對？」每個客人都有不同的意見，有時主播本身的想法又和電視台主管大相逕庭，因此每一段新聞節目對我來說，都像是一場考試。

在「撞牆」一段時間後，不服輸的我開始著手進行我的「破關計畫」：由於我們每個月都必須「生出」兩百多套服裝給主播們穿，但配合的廠商卻只有三家，所以我準備好企劃案，一家一家地去向各優質服裝品牌提案，希望能開發更多願意租借服裝的廠商，好讓主播們有更多的選擇。

沒多久，我們的配合廠商就從原本的三家增加到三百家，我每個禮拜親自去跟各家廠商借衣服、歸還衣服。很多廠商會熱心地和我討論時裝的穿著技巧，我也在這時期學會男性領帶、正式領結的標準打法，這對我來說都是很新鮮、有趣的體驗。每個禮拜為了借衣服全台北跑透透，不知不覺也讓我更認識台北，對這個孕育我出生、長大、卻闊別已久的地方，增添了更深一層的情感。

此外，我也改變以往和電視台的溝通模式，每一季和電視台長官開會，為每個主播定裝，待每位主播的風格、顏色定下來後，就交由我們專業團隊全盤執行。免除過去一件一件討論、人多口雜、綁手綁腳的作業方式，讓造型團隊能盡情發揮，主播們也可以在鏡頭前呈現觀眾喜歡、自己也覺得對味的樣子。

這樣的調整讓工作的執行面更流暢，集結同業資源達到互利共好的效果，也大幅提升客戶的滿意度，對於我這個剛進入公司核心的初生之犢來說，是很大的鼓勵，我也期望自己能為傳統婚紗業導入新形態的營運管理模式，達到員工、老闆和顧客之間的三贏。

然而，這樣的雄心壯志只持續了短暫一段時間，雖然我在外面表現活躍，也為公司創造了很好的績效，但我終究還是面臨了每個「老闆的小孩」都必須面臨的問題——和資深員工之間的微妙關係。

對於陪伴老闆開疆闢土、一路扶持的元老級員工來說，我這個缺乏社會歷練的「空降部隊」，吃過的米沒有他們吃過的鹽多，對公司管理卻有一大堆意見。不過是個小助理，就能「越級」去改良一些公司的「慣例」，他們心裡自然不服氣，和我對話時有時也會帶著一些嘲諷的意味。例如，我在手開三聯式發票時不會寫國字大寫數字，他們會說我是「從國外回來的，所以連這個也不會！」年輕又敏感的我，只能把難過的滋味往肚子裡吞。

我在國外生活多年，原本我是一個沒有標籤的人，現在卻變成「林莉的女兒」，四周和我一起工作的人彷彿都把我當成敵人。而我的老闆兼我的媽媽很忙，根本沒空聽我說話，我在公司裡連一個真心的朋友也沒有。在忙碌和孤單的重重包圍下，我開始有了「出走」的想法，在公關部工作一年多時，我告訴媽媽，我想離職，到外面去闖一闖。

這一次，有了工作經驗，求職對我來說不再困難，我進入一家香港商服飾品牌工作，擔任商品採購助理和櫥窗搭配設計，經常待在showroom（展示間）裡被刺眼的鹵素燈強光照射八小時，每天到下班時，我的嘴唇已經完全脫皮。這是我第一次接觸到時裝零售業的工作環境，我仍然帶著我的「破關精神」，求知若渴地學習零售業的思維，從選店、配貨、陳列……每一個細節其實都是一門大學問。

而令我感到最開心的是，我在這裡交到幾個好朋友，上班時一起照顧對方、一起下班，一起開同事的玩笑、一起討論午餐要吃什麼，很多平凡的上班族日常，都是我之前不曾經歷的。後來，當幾位跟我非常要好的同事發現我媽媽竟是知名婚紗店老闆時，他們都嚇了一大跳，其實當時我也不想要讓大家知道。

這段時間讓我認識時裝零售業的辛苦，零售業的進貨、出貨量很大，同事在店面打烊後，往往都要整理、盤點貨物，一直工作到半夜才能回家，有時甚至要到凌晨兩、三點才能走出店門。

另一個工作也是香港商的飾品零售，新品牌上市，我被調到該品牌的行銷部，負責協助商品訂價、公關宣傳策略、展店規劃等項目，我也在這段期間累積了舉辦記者會、打造臨時快閃店、展店的實戰經驗。

我回想我從小到大的經歷，彷彿都跟「美」脫不了關係。小時候我最愛玩的遊戲，就是幫芭比娃娃換新裝。當爸媽還住在一起時，媽媽會用心地布置家裡，每個角落都能看見她的巧思，餐桌上的餐具是媽媽精心挑選過的，浴室裡的毛巾、衛浴配件也是成套風格的，那時媽媽還沒有跨入造型行業，卻在生活中處處呈現出她的精緻品味與她對美的愛好。

而自從我到美國讀書，打從十六歲拿到駕照起，我就是媽媽公司的海外採購部隊，每個週末我都要到舊金山高級百貨公司尼曼馬庫斯（Neiman Marcus），幫公司購買禮服的配件。我採購的金額、品項皆數量龐大，買到後來店員都認識我，在我結完帳後會鞠躬目送我離開，提供我ＶＩＰ級的服務。

這些成長的軌跡，讓我彷彿是注定要吃「美」這行飯的，我很喜歡時尚產業，即使是最基層、高工時的工作，都讓我覺得很滿足。我認為，**人生中的每一站，都是為了累積下一站的實力，任何經過深思熟慮、為自己下的決定，都不會是白費的。**

在外面闖蕩近一年，我不僅涉略到時裝界更廣的層面，把視野延伸出去，也更加了解台灣的職場文化，並且熟能生巧，逐漸提升對自我效能的自信度。

就在我享受著這份富有挑戰性、也有成就感的工作時，媽媽的公司發生了九成員工集體跳槽的危機，我完全沒有猶豫，立刻遞交辭職信，回到媽媽的公司陪她共渡難關。那時公司資金全卡在新大樓的裝潢，大批的舊客戶被跳槽員工帶走，極需人力支援。身為「老闆的小孩」、「林莉的女兒」，我責無旁貸，我只能回到公司，也和交往多年的日籍男友分手，捨棄過去的夢想，我選擇了家族事業，選擇了我的媽媽。

學鯨魚游泳

曾經有位企業前輩說過：「企業家第二代，**接班，是他們的使命；不接，是他們的自由**。絕大多數的接班人都逃不開使命、得不到自由。」

也有另一位會計師事務所的長輩提到，其實二代接班是父母思維影響最大，事實上也有很多例子，是採取任用高階主管來操作。但以中小企業的薪酬來說，可以聘任到大公司主管的可能性不高，也是一般企業主不願意做的投資。

我當然也可以像普通年輕人一樣，選擇自己想做的工作，自由地戀愛、結婚，但我總是逃不過心裡的這個問題：「若是我那麼做了，媽媽怎麼辦？媽媽辛苦一生打拚來的江山又該怎麼辦？」一路上我感謝媽媽給我出國唸書的機會，也因為我有這些奇妙又刻骨銘心的經歷。

二代接班人最強大的優勢不是人脈和能力，而是我們心裡那份深重的使命感。我們真心希望企業能持續往前，把創業家那一代的精神發揚光大。

再回到公司上班，媽媽安排我到各個不同的部門學習。我試著把我在時裝零售業所學到的東西，套用在傳統婚紗業，我看見我們公司不夠系統化和數據化、員工的教育訓練需要再提升……很多地方都需要與時俱進、調整和更新。過去我在大學學到的商管知識、在時裝業界的實戰經驗，彷彿都是為了傳統婚紗業的升級所預備。我有滿腔的熱忱急欲貢獻所學，但是卻完全使不上力，「老闆的小孩」意味著我在老闆眼中，只是個小孩。儘管我掛著主管的頭銜，實際上卻一點實權也沒有，公司早已有一套營運制度，我也不知道要管些什麼。

就在我很徬徨無助、不知何去何從時，乾爹要我讀郝明義先生所著的《工作ＤＮＡ》，其中有一段話深深提醒了我。

書中寫道：「成為一個公司或組織的高層決策者、領導者，那就是成了一條鯨魚。……海洋既充滿了機會，也隨時會出現危機。最重要的是，你沒有上岸休息的權利——上岸的鯨魚，是擱淺的，是要死亡的。……信仰與永無止歇，是鯨魚的基因。」

我把我自己當成一隻鯨魚，無論海洋的狀況如何，我都要不畏挑戰，持續待在海裡游泳，即使看不見方向、不知道終點，我也要堅持游下去，絕不上岸。

懷著這份鯨魚般的鬥志，我在公司待著，學鯨魚沉潛，也學習鯨魚噴水換氣，學鯨魚蓄勢待發，學鯨魚堅持信念永不放棄。兩年後，公司順利跨越危機，銷售額上了常軌，我決定請假一年去倫敦讀書，補強我在時尚行銷領域的不足，好讓我這隻鯨魚有力量持續在陌生的海域中游下去。

等我從倫敦畢業回來後，媽媽因為動了手術需要長期調養，公司的營運重任自然落在我的肩頭上。

頭幾年，因為沒有人帶我、教我，我需要趕快做出成績，我急速地大量閱讀管理相關書籍，一個月至少讀十本書，我看大前研一先生的書領受他獨到的國際觀；也學習稻盛和夫先生以人為本、重視數字的管理哲學；我看張榮發先生的自傳，深深對他「豪華經濟艙」的策略擬訂、設計商品配套提升整體營業額的睿智眼光感到佩服。

我也在公司業務單位開讀書會，規定每個業務部的同仁一個月要讀書單上的兩本書，希望能為員工注入新觀念、新方法、認識新工具。

同時，我也優化商品，過去林莉婚紗的品牌定位偏向高冷、有設計感，為了給客人更多元的選擇，品牌需要開發新的產品線，滿足客戶對於華麗、素雅、韓流等各式風格的追求。

除了轉換婚紗風格，我也引進倫敦、西班牙、紐約等國際精品知名設計師品牌正裝與晚裝零售，透過初期商品策略設定、風格擬定到精準的進貨數字計算與營運管理，引進的正裝禮服十分受到消費者青睞，庫存率不到一〇%。

品牌風格升級了，行銷和服務也要更進化，我改變了品牌行銷活動形象、導入ＥＲＰ管理系統，並架設新網站，提供便於顧客端與服務端共同使用的平台，幫助品牌數位轉型。在行銷面上，我們提供客戶多重化選擇的商品與配套方案，並透過轉介紹優惠，吸引客人再介紹客人，經營熟客讓銷售業績更穩固。

在各項創新政策下，公司在兩年內營收成長了一倍，達到前所未有的高峰。當時的我年紀還不到三十歲，能夠做出這樣的成績，我的心裡多少有些飄飄然，益發認為自己是個好的管理者、領導者，一心以為做出了這樣的成績，大家都應該會敬重我的能力。

但當時，我也犯了一個錯誤，我太驕傲了。

我勤勞、實事求是，我認為嚴格的主管才是最好的主管，主管需要運用鐵腕政策，才能夠帶領員工突破限制、創造更高的績效。於是，我帶著「恨鐵不成鋼」、自以為是對員工好的態度，不放過公司裡的任何一個人，希望每個人都能成為「最好的自己」。

儘管我明白「帶人要帶心」，也一直跟我身邊親近的員工保持良好的關係，真誠地關心他們的需要，把他們當成是朋友，但我卻忽略了人心的複雜。我乾爹告訴我，這世界上，有三分之一的好人、三分之一的壞人，還有三分之一是不好不壞的人。

一天，我用公司的公務平板，想找一張東方式禮服的照片，提供給我一位臨時要參加主題晚宴ＶＩＰ，沒想到上一位使用者用完之後沒有登出，我無意間看到了她的私人郵件，才發現她和要離職後報到的公司有異常的私下往來。

經過一番調查，我才發現她已被同業挖角，並連同其他七位職員打算集體跳槽，她還將我所有營業管理設定的ＫＰＩ、網站工程等商業機密，一併賣給她的新東家。她在我們公司工作已經有十年的時間，由於她態度積極，學習能力好，讓我非常器重她，我把她當成下一代的部門主管來栽培，提供很多資源和機會給她。

看著她和新東家之間的書信往來對話，我的心一下子降到了冰點，不明白為何跟我情如姊妹的員工，竟會如此背叛我？是我哪裡做得不好，才會真心換絕情？為什麼我沒有早點發現她的謊話連篇？

但我始終沒有任何復仇的心態，那段時間我哭了半年，感謝當時為了公司穩定而留下來的同仁，若是沒有這群忠心的夥伴，我沒有辦法調適心情，重新站起來。

身為企業管理者，我不能浪費時間哭泣，我也沒有「不知道該怎麼辦」的權利，我必須立刻作好危機處理：我在第一時間重新寫我們公司的網站，避免更多公司機密外洩，同時穩住業務團隊，不讓集體跳槽的負面效應再擴大。

我的乾爹告訴我，要懂得反省，管理者要鍛鍊自己的溝通技巧，並且要虛心，願意聆聽，乾爹說：「聆聽是一個人與生俱來的第一個能力，也是身為領導者最重要的能力。」

我反省自己過去的管理風格，我和下屬之間沒有溝通，只有要求。我為他們設定目標，告訴他們「我要的是什麼」，費盡心思激勵他們去達成目標，以為這樣就是「為他們好」，卻很少謙卑地去傾聽「他們要的是什麼」。加上我說話直來直往、求好心切，很多表達方式，例如美國人很習慣「I don't like it.」這種直接的說法，但翻譯成中文「我不喜歡這個」，卻會太過直接、刺耳，讓人感覺不舒服，而我卻一直沒有注意到這些細節！

雖然這個大跳槽事件對我造成了很大的打擊，但也促使我更加成長。我第一次開始聽到其他主管同仁實際的聲音，才真正了解他們的想法，知道如何建立更周全、公平的公司制度。過去我工作時得理不饒人，沒有去思考對方的立場。經過這個事件，我會去看員工做事的出發點，讓他們知道我不只在乎他們的績效，我更在乎他們本身的努力過程，在過程中是否有努力與突破。

我想起當我剛到美國讀高中時，我對美國人生地不熟、環境適應不良，不知道自己為什麼要讀書，我經常無故曠課，幾乎快要被退學。還好後來我遇到一個老師，她找我去她的辦公室，我以為她會向我說一番大道理，告訴我要準時上學、用功讀書，沒想到她什麼也沒說，只是聽我分享我為什麼會一個人在美國、我的想法是什麼……那短短半小時，讓我感受到很被關心，也因此讓我想要把自己變得更好。

我終於明白，真正的「帶人、帶心」，不是和員工維持表面親密的關係，而是去傾聽、去了解員工的想法，讓他們感受到被關心，他們自然就會想要變得更好。

感謝挫折，它讓我們反思錯誤、累積經驗，幫助我們蛻變得更成熟，也讓我們能夠「患難見真情」。

我特別感謝我們家的王牌銷售員，她沒有被競爭對手提出來的優渥條件吸引，她的忠誠是公司在跳槽風暴中很重要的一根柱子，幫助我凝聚了其他銷售人員的向心力，才讓我們可以在很短的時間內迅速化解危機。有時她看到我為了這事而哭，她也會跟著紅了眼眶。後來我才知道，她之所以會留下來，是因為對我媽媽和我的情義，也是對公司品牌的信任，她知道我們公司擁有一次做到位的實力，是業界數一數二的，所以她願意留下來繼續為公司效力。

在危機中，更能看見誰是忠心的員工，誰是值得信任的朋友。我很感動，知道自己不是在孤軍奮戰，我也看見，比起我肩膀上所扛的責任，我是何其渺小、何其不足。「LinLi」這個品牌能夠擁有現在的高度，是許多前輩、員工攜手一起打拚來的，每個團隊都是公司最寶貴的資產，每個員工都值得我尊重和感謝。

經過這一役，我不再看自己只是「老闆的小孩」、幫老闆看管公司的「管理者」，我學習如何成為一個真正的「領導者」、「經營者」。

傳統的「老闆」會設立目標，指揮員工做事；「管理者」則會建立基礎SOP，協助員工達標、維持企業營運；「領導者」給夢想、說得出願景，能激勵員工獲得信任；而「經營者」有遠見、謀略，能夠超前部署、提升企業競爭力。

過去這幾年，我努力改變我的領導風格，學會聆聽，默默地觀察能夠引發同仁熱情的原因，引導同仁發揮他們所長，強化團隊合作，凝聚重要共識。

我想要成為一個四方到位的企業經理人，我要學鯨魚游泳，當我被浪頭往岸邊推時，我就反省、自我修練，然後再往大海的方向游去。鯨魚游得不快，卻能潛得很深、游得很遠，願我也能有遠見、不求快，擁有壯闊胸襟能夠承載大海，並撐住對自己的堅持與理想，永不擱淺。

職場需要的不是「人設」，而是「人格」

用人，是每一個主管的必修課。

在職場的前十年，我練習「被用」，我沉潛自己、精進專業、等候時機，放大視野，磨亮眼光，讓自己能夠承擔起領導者的責任。

站在高位後，我開始學習「用人」，從一次次錯誤的經驗中，漸漸找到用人的原則，也讓公司團隊能夠愈來愈堅實，進而提升企業績效與競爭力。

曾經有個剛從台大畢業的年輕女生來我們公司實習，我給她的第一項任務，就是去做市場調查。她上班準時從不遲到，工作態度和能力都非常好，但下班後她就像關機了一樣，怎麼樣都找不到人。

有一次，我為了要追她負責的某樣數據而急著找她，但傳了訊息給她，她卻不讀不回，打電話也不接，造成團隊很大的困擾。

試問，她這樣有錯嗎？照理說，下班後就是員工的私人時間，員工的確可以不接主管電話，不理會公司的事。然而，除了極少數公私不分的主管，大部分主管都會尊重員工的生活，不會沒事打電話去打擾員工，若主管急著找你，絕對是有重要的事，不能拖到明天再說。

現代人手機不離身，很少人會下班後就關閉手機電源。當一個人下班後就選擇不接、不理會公司的事，那等於是在表明：「公司的事不關我的事！」若你是主管，你會如何看待這樣的員工？這樣的員工即使能力再強，也只能成為公司裡一名做事的「人力」，和能夠賦予重任的「人才」還有些距離，因為他的心不在公司。

作為主管，我沒有權力要求員工下班後必須接我的電話；但是作為職場前輩，我認為我有責任要教導年輕後輩更圓融的處世智慧。我特地約這位年輕女生吃飯，告訴她：「我在下班時間找妳，是因為需要妳提供一些數據，部門團隊才能順利把當天的營運報表完成，我們是個團隊，只要有一個螺絲釘卡住了，齒輪就動不了。如果妳真的有困難，可以傳個訊息告知『我現在不方便處理』，但『已讀不回』或『不讀不回』不是一個好的方式，會讓大家浪費時間等待妳的消息，也會影響同仁對妳的觀感。」

我還和她分享校園和職場的不同，當學生時只要把分內的事情做好，考試得高分，就是模範生；但若想在職場晉升，不能單顧自己的事，還得顧眾人的事。聰明的人很多，願意「被用」的人很少，所以要把聰明用對地方。上班時很努力，下班不回覆訊息，沒有不對，但會反應出這樣的員工不在乎團隊。在職場上，唯有心懷「團隊」的員工，才會是主管眼中的「接班人」。

我明白，有能力的人才像一匹野馬，需要被引導，不能被拴住，必須多花時間做雙向的溝通，用不同的方式啟發他們。經過這次開誠布公的溝通，這位職場新鮮人的心態有明顯的改變，後來在工作上也有很好的表現。

我始終相信，在職場想要闖出一片天，靠的不是「人設」，而是「人格」。「人設」是你對自己角色的期待、希望給別人的印象，**「人格」才能決定你的態度、能力、品格和續航力。**

每個員工都希望能得到主管的賞識，考察時個個都很認真賣力，然而，只有當主管不在、監視器照不到時，才能看見員工真實的一面，也才知道哪個員工的「人格」能夠配得更高的職位、頂得住更多的責任。

因此，我會花時間去認識每一位夥伴，與他們真實的交流，了解他們的心思，因為企業的成敗，往往就在於「人」。我時常思索要如何挑選人才、運用人才，讓每一位員工都可以在公司裡發揮價值，並且找到夢想；而我又要如何調整自己的領導風格，不僅能帶領團隊達成目標，還要吸引更多優秀的人才來加入我們。

每天都有許多人透過人力網站來求職，打開履歷，會遇到什麼樣的人，我無法掌控，但是有一些人，光看履歷我就不會錄用。

什麼樣的人是雇主最認為最難用的？就是工作履歷非常豐富，但每一份工作都待不久的人。

很多社會新鮮人離開校園後，抱著「多嘗試」的心態投入職場，工作半年至一年，他們就跳槽到更大的公司，或是轉換跑道去接觸不同的領域。幾年下來，看似增加了社會歷練，也擁有很豐富的經驗，有些人的履歷中還曾經待過一些大企業，但是我卻會對他們的性格與專業度打上一個大大的問號。

或許你會認為，在一家公司待一年，已經夠久了吧！沒錯，如果只是要體驗不同行業的甘苦，的確花費一年時間就夠了；但若想要增進該領域的專業能力，掌握看得見的技術、看不見的細節，成為產業中的「達人」，那就至少需要花費超過三年的時間。每個工作技能都需要年分去累積，一年只夠搞懂皮毛，三年才能稍微摸得透精髓，十年磨一劍，才能到達爐火純青的境界。

如果應徵者在每個工作職場都只待上一年，我會認為他或許工作能力很好，但是卻太短視，自以為學到的東西已經夠多了，不曉得真正的專業還在後頭；也有可能是他本身的定性不夠，所以才在各個公司兜兜轉轉，不願意穩定地跟著公司一起成長。不管他頻繁換工作的真實原因是什麼，這樣的員工都令我避之唯恐不及。

還有一種人我覺得很難用，就是很喜歡在私底下抱怨公司、抱怨客人、負能量爆棚的員工，剛開始當主管時，我還不清楚這種員工的「後座力」有多強，我覺得他有把分內的事完成，偶爾休息時宣洩一下情緒，應該沒什麼大不了。

但我實在太小看負面思想的力量了，當團隊裡有一個人一直在散發負能量，所有人都會被他影響。具有這樣特質的人，不只會抱怨主管和客人，還會抱怨同事，造成同事之間的不和睦，影響工作氣氛，導致軍心渙散。如同軍隊在戰場上打仗，不怕遇到神一般的對手，就怕遇到豬一般的隊友；職場也是一樣，不怕遇到強敵，最怕的就是窩裡反。因此，當員工有喜歡抱怨的習慣，我一定會馬上介入，在應徵新進人員時，我也會在乎對方是否具有正向特質。

很多工作都是團隊作業，在群體中，每個人都必須願意給予、分享、付出，太過自我中心或喜歡計較的人，很難達成團隊任務。一個好用的人才，性格、溝通能力與專業能力，三者缺一不可。其中又以性格最為首要，其他兩樣能力都可以培養，不過人一旦超過三十歲，工作習慣就已經定型，不容易改變。

不只好員工難尋，好主管也是可遇不可求。一個好主管要能夠認識每位員工不同的特質，把人才擺在正確的位置，並且要給他們清楚的標準和目標，引導他們去達成目標，去成就他們，而不是單向式地命令員工該做什麼。

由於我是業務出身的，我了解第一線業務員成交的難度在哪裡，所以我會為他們設計「只要努力踮起腳尖就能搆得到的目標」，激發他們的衝勁，也讓他們能夠享受到自己努力得來的成果。

除了基層員工，對中階主管的領導方式更是重要。中階主管是一家企業的主要幹部，能夠成為中階主管，表示他已經將公司文化內化成自己的價值觀，心裡有著一把和老闆相同的尺。這時，我就必須充分授權，讓主管自己做決定，給予他們自由發揮的空間，包括犯錯學習的空間，並且從旁給予資源和協助。

中階主管是管理基層員工很重要的角色，很多企業的中階主管都會夾在高層和基層之間，一方面要達到高層訂下的目標，一方面又要穩定基層的士氣，承接從四面八方而來的壓力。因此，讓中階主管清楚明白自己的權限，幫助他在權限範圍內培養決策力，也在下屬前樹立自己的威信，是我認為最重要的事。

很多年輕人都渴望自己有天能成為主管，在公司擔任要職，成為中階主管是職涯中很重要的一個里程碑。我們公司每年都有很多新員工進來，他們平均年齡是二十六歲，我也很喜歡跟他們聊天，了解時下新世代的想法，透過他們不同的視角來檢視公司的體質。當我看著他們滿懷熱忱的臉孔，我都會想：三年後，他們是否會成為公司的中階主管？

無論是哪一家企業，想要當上中階主管，能夠達成主管交付的任務是基本要件，但主管更在乎的是中階主管的人格和溝通能力。中階主管必須誠實、負責、圓融。必須擁有誠實的品格，才能夾在高層和基層的壓力下，不粉飾太平、兩面討好，也不扭曲事實、鑽漏洞，更不興風作浪、鞏固自己的勢力，贏得上司的信任、下屬的好評。

當團隊表現優秀，中階主管要能把功勞和下屬一起分享，維持團隊圓融和諧的關係；當團隊表現不如預期，中階主管也不能推卸責任，不僅要為下屬承擔壓力，還要能夠激發團隊的潛力，逼出他們的強大。

我有一次在微信的頻道中聽到在討論「什麼是人才？」有位企業家說：「會不斷完成任務的人，就是人才。」能夠不斷達成目標，愛護團隊夥伴，維持穩定的服務品質、擁有冷靜的性格特質，是我對於中階主管的標準。

然而，我見過很多人在成為中階主管以後，都會失望地說：「中階主管的薪水只比基層員工高一級，但是要做的事、要扛的責任卻多出很多級。」如果用爬山來比喻，基層員工就像是在走林間步道，難度不高，只要慢慢走、不停下腳步，大多數人都可以走完；中階主管則是真正的爬山，需要充足的裝備、體力、技巧，有時還得在山上紮營過夜，爬山比走步道更挑戰極限，但這卻是攻頂的必經之路。

我自己也是從基層做起，漸漸升為中階主管，這個階段的確吃力不討好，但卻能夠磨練出一個人的耐受性和續航力。很少中階主管能夠一路平步青雲，成為「萬年主管」的人卻是大多數。在金字塔型的職場人員編制中，中階主管的升遷之路又慢又窄，如同山路總是一圈又一圈，有時繞了一大圈、走到筋疲力竭，卻發現海拔高度僅上升了一點點。

在我們公司，一旦成為中階主管，就要有在這個位置磨練五年、七年，甚至十年的心理準備，並且要不斷學習、願意改變，才能蛻變為能夠獨當一面的高階主管。

義大利經濟學者帕列托（Vilfredo Pareto）曾提出一項「二八法則」，解釋了社會上很多現象。例如，他觀察到世界上八〇％的財富，都集中在二〇％的人手裡；二〇％的汽車駕駛，引起了八〇％的交通事故……「二八法則」也被廣泛應用在企業管理上，像是一家企業八〇％的營收，都來自於二〇％的商品；或是二〇％的熟客ＶＩＰ，創造了企業八〇％的營收。

我發現，「二八法則」也很適合應用在職涯上，一開始進入職場，我們八〇%都會犯錯，但是經過練習、累積了足夠的經驗，我們的眼界會被打開，到後來八〇%都會做對。

有位朋友曾跟我說過，企業的領導者就像導演，導演心裡要先有一套清楚的劇本，知道藍圖、方向，再根據每個角色所需的特質，去尋找適合的演員，讓每個演員都能勝任他的職務。接下來，在演戲的過程中，導演要幫助彼此激盪出火花，讓每個角色都能發揮加乘的效果，再加上運鏡、燈光、配樂、特效等軟硬體的輔助，方得成就一場精采好戲。

擔任企業總監的每一天，我都覺得自己像個導演，我不只希望呈現給觀眾最好看的戲碼，也希望能讓每個演員都能樂在其中、展現自己最好的一面。我知道，當觀眾被劇情和場景吸引，演員也全心投入在角色中，大家的注意力都放在這齣戲的走向上，完全忘記有導演的存在，那麼我就離「好主管」更近了一大步。

每個人都是二代

「企業二代」這個名詞，令人聯想到含著金湯匙出生、從小養尊處優，被栽培去國外留學，畢業後直接空降到公司擔任「董事長特助」，又稱「小老闆」。因為工作上可以靠爸靠媽，所以放輕鬆就能坐領高薪，出門還有名車代步，假日一定會去打高爾夫球……

每次聽到有人這麼形容「企業二代」，我身邊的二代們都會忍不住翻白眼，因為這和二代的真實生活實在相差太遠了！

或許一般大眾對企業家第二代的印象是「貴公子」、「富家女」，但事實上，所謂的「企業二代」不見得都出身於豪門望族，大多數的企業都是由父母那一輩白手起家，拚搏多年，才成長為稍具規模的中小型企業。目前台灣一共有近一五〇萬家中小型企業，占了全體企業約九八％，是台灣整體經濟一份重要的穩定力量。二代接班不僅關係到個人和家族的興衰，背後更牽涉到整體產業鏈和數十萬人口的就業機會，因此各家中小企業的接班人，也都必須拿出和上一代同樣的拚搏精神，才能延續企業的成長，或生存。

有人說，上一代創業家是「時勢造英雄」，在台灣經濟起飛的一九七〇年代，各家企業如雨後春筍般冒出來，搭上時代的巨浪，營業額飛升，造就了一代人的富足。如今輪到二代接班，背負的卻是「英雄造時勢」的重任，所有人的眼睛都在看：二代接班人是否能在不景氣的大環境下開闢新局？是否能站在上一代打下的基礎上，帶領企業再創高峰？接班二代其實比創一代承受了更大的壓力，因為二代不只是要實現自己的期待，還要對其他人有所交代。

至於二代本身，準備好了嗎？為了快速累積能力和經歷，每個預備接班的二代都勢必要經過一番歷練。

我有二代朋友為了預備接班，不斷被派去不同國家視察各地工廠，每年只有少數日子會停留在台灣，他感慨萬千地說：「我覺得全公司最累的就是我，應該不會有人想要做我這份工作！」

別以為二代和老闆有「血緣」，賺的就不是「血汗」錢！其實，二代的職場生涯和一般人一樣都是血淚交織。以我自己為例，婚紗服務本身就是一個極度高壓的工作，我們不是在販售一般商品，商品壞了可以換一個新的給客人，但服務新娘絲毫不能出錯，因為這對每一位新人來說，都是一生中最重要的時刻。

自從正式加入公司、接下主管的位置後，我就幾乎沒有下班時間。在我們公司，從基層員工到中階主管，平均大概要經過三年的訓練，但我不僅要在三年內成為高階主管，還要盡快熟悉公司七個部門中的大小事，除了睡覺的時間，我必須把握每分每秒來讓自己快速成長。

記得那段日子，因為我沒有經驗，土法煉鋼是唯一的選擇。我平均一天工作十六小時，時常忙到不知今夕何夕。有一次，我在下樓時，突然眼前一黑，我就從樓梯直接摔下去，摔到整片大腿都瘀青了。後來，我去醫院做了檢查，醫生為我的腦部做了仔細的掃描，發現我是壓力太大，導致末梢神經失調。睡一覺，吞下醫生開的藥，隔天我仍舊進公司繼續上班。

或許你會認為，像我這樣賣命工作，每天超時加班，薪水一定很高吧？事實上，我的薪水比和我同樣層級的資深員工都還要低，因為我是「老闆的小孩」，在公司工作的年資尚淺，薪水給多了，資深員工會覺得不公平，認為我有特權，所以老闆給我的薪資水平一定是較低的。

事多、錢少，在自家公司上班最大的優點，應該就是「離家近」，因為公司就是我們的家！很多二代都跟我一樣，小時候爸媽為了打拚事業忙到分身乏術，根本無力顧及孩子，我們這一代大多是由祖父母帶大，或是很小就被送到國外的寄宿學校。長大回國後，我們進入自家公司上班，在公司的時間比在家裡更多，公司也是我們和爸媽最常相處的地方。我們對家的概念很模糊，反倒對公司的藍圖比較清晰；我們很少有時間可以留給家人，因為當我們難得有機會與爸媽同桌共餐時，通常都是在開會或應酬。

我們公司有一位同仁，在公司服務一年多，表現得很好，看得出來她很喜歡這份工作，然而，她卻突然向我提出了辭呈。

我問她，為什麼想要離職？她說：「我想要陪我媽媽吃飯。」

由於婚紗服務業的上班時間通常是晚上和週末，她能夠在家吃晚餐的機會很少。而她來自單親家庭，媽媽獨自一人把她養大，所以她希望每天都能夠陪媽媽一起吃晚餐。也因為她這溫柔的願望，我與主管討論後，為她規劃一個兩全的新職務，讓她能夠繼續與我們一起並肩作戰。

這個同仁單純的願望深深打動了我。她的願望看似簡單，對我們很多二代而言卻遙不可及。別人看我們生下來什麼都有，不愁吃穿，連前面的道路都有人為我們鋪好了，卻不曉得在我們成長過程中，往往連「一家人共進晚餐」這份簡單的幸福，都求之不得。

大多數的企業二代和一般上班族，雖然面對的處境和挑戰不同，但酸甜苦辣的滋味卻大同小異。每個人都一樣是一早起來就汲汲營營工作，為了薪水或營業額而苦惱，吃苦當吃補來熬煉出自己的擔當力，不斷思索如何讓自己、讓公司變得更好。

至今我已經在公司工作了十四年，我帶領七個部門，每個月扛著沉重的業績壓力。一開始，我因為太想要做出成績、太想要幫助媽媽，我帶著「破關精神」，拚命突破業績天花板，但後來我發現，「**要用破關的**

精神做事，但不能用破關的態度做人」，我學習傾聽、圓融、換位思考，讓自己擁有領導者的高度。

近幾年，因為身體出了狀況，也因為公司營運已漸入佳境、重要的幹部也已培養起來了，我開始追求工作和生活的平衡。我想起美國媽媽曾經教我老子的「無為」哲學，美國人非常喜歡老子，認為老子是一位真正的智者，老子主張「無為」，不是真的什麼都不做，而是要放下慾望，不要為了爭取自己的名譽、利益而刻意去做什麼，但是對社會、對百姓要默默地「有為」。也就是說，管理者要不居功、放低自己、隱身背後，讓企業按照規則自然地去運行，順勢而為，方能達到永續經營的目標。

老子的無為智慧在很多世界級的領導者身上都可以看見。我每季都會固定在社群媒體上看一些國際級設計師走秀，當所有的設計作品都展示完後，謝幕的設計師會穿著簡單的T恤、牛仔褲現身幕前，向觀眾鞠躬表達感謝。在我參加過的時裝秀中，幾乎每位國際級設計師在謝幕時都穿著最簡單的衣服，一點都不張揚。因為他們把自己定位為「創作者」，希望大眾去注意他的設計作品以及他所要傳達的理念，而不是去注意他本人，我也希望能夠向這些有智慧的前輩們看齊。

我的一位閨密說，所謂的「富二代」，就是爸媽比較有錢；所謂的「星二代」，就是爸媽比較有名；所謂的「企業二代」，就是爸媽創業開公司。言下之意是說，二代和一般人沒什麼不同，是他們的爸媽和一般人不同，脫去虛名與成就之後，我們的人生還剩下什麼？

最好的人生，不是有個有錢、有名、開公司的爸媽，而是活出自己的人生，有勇氣去追求自己真正想要的生活。為了達到這樣的目標，每個人都必須去找尋生命的價值和意義，每個人都一樣得經得住誘惑、擔得起責任，每個人都是要在嚐盡生活的酸甜苦辣後，才能調適出自己的平衡。

無論家境如何，我們每一個人其實都是二代，我們都承接了來自上一代的產業，這產業可能是一家企業、一門家傳技藝，也有可能是一段家人間溫馨的回憶、一句來自父母愛的叮嚀，也有人承接了上一代的恩怨情仇、傷害和負債，不管上一代帶給我們是正面的幫助，或是負面的影響，我們的人生都還是得自己扛。

想起剛出社會的我，不願繼承家業，我告訴媽媽：「我要靠自己的雙手去掙到我想要的東西！」如今回想起來，我才驚覺自己那時的天真，竟以為在自家公司工作，就不需要靠自己的雙手去打拚？

事實上，沒有一樣成就是不需要付出代價的，每個人在職場上的實力、名聲、績效、信譽……都是要靠自己的雙手去掙來的！

上一代的成功只屬於上一代，二代必須憑自己的雙手開創嶄新的一頁；上一代的失敗也不代表下一代就沒前途，落魄二代「報復性成功」

的例子比比皆是。

無論是上班族、創業的一代、接班的二代，每個人都有最適合自己的人生劇本，每一天都要扮演好自己的角色，忘記背後努力面前，才能成就自己的精采一代。

IV

婚紗與女性

時代在進步，女人再進化

我是獨生女，也是家族中的長孫，我在「重女輕男」的環境中長大，從來不認為「當女生有什麼不好」，也不曾感受到「女生比男生矮一截」。但出社會後，我漸漸觀察到，這個世界對待男性和女性的規則似乎不太一樣。

在公司裡有很多工作夥伴，都因為「身為女兒」，而必須承擔貼補家用、陪伴年邁父母的責任，讓她的兄弟可以沒有後顧之憂地出外闖蕩。我也有一位閨密是企業家二代，她很想接班家族的事業，但是她知道不管自己有多優秀，父母都只會交棒給她的兄弟，「因為女兒不需要太辛苦，在家專心當個賢妻良母就好。」女子無才便是德的傳統價值觀，抹煞了很多一心想要努力的人。

台灣在日治時代女子教育正式納入學制系統之後，女性開始接受教育的洗禮，打開了更多的可能。如今現代女性意識抬頭，讓女性有了更多選擇，也對自己有更多期待。

然而，儘管社會高喊「男女平等」、「兩性平權」、「男孩女孩一樣好」，但隨處不在的隱形天花板似乎仍然限制了女性的發展，讓女性在職涯發展上比男性更容易碰壁。在家庭中受了委屈也不能哼聲，一句「妳是女生，所以妳應該……」就足以合理化一切不公平待遇，甚至連女性自己都認為自己應該要服膺於這個世界的潛規則——默默地犧牲奉獻、少囉唆，盡力地去扮演好某個男性背後的賢內助。

究竟女性如何才能跳脫性別的框架？在這個性別待遇不平衡的社會裡，找到寬廣的方向和目標，自由地決定自己想成為的樣子？從近百年來的時尚潮流來窺見女性的進步與成長，或許可以為大眾指點迷津：

一九一〇年代，「鐵達尼號」頭等艙內名媛的穿著，完美詮釋了二十世紀初期女性的絕代風華，那時候的女性，身著束胸、綴滿珠飾的大蓬裙，像是男性身邊一個會移動的藝術品，顯見那個年代對女性的壓制和束縛。

直至一九二〇年代，可可．香奈兒的經典小黑裙掀起劃時代的女性時尚革命，為了便於女性活動，香奈兒在女裝設計中混入男性化的元素。「反潮流」創造了新流行，香奈兒藉由簡約、功能主義的設計解放女性的身體，喚醒女性的自我覺醒，美感品味獨具的香奈兒，魅力持續延燒到今天。

一九二〇年代，經歷了第一次世界大戰的洗禮，女性更加清楚生命無常，意外和明天不知道哪一個先到，與其在家裡被動地等待男人上門來迎娶，不如把握青春盡情享受自己的生活和自由。電影《大亨小傳》（*The Great Gatsby*）很完整地詮釋了當代風格：剪短髮、穿 H-Line 剪裁的無腰身連身短裙、塗著口紅的摩登女郎（Flappers），畫上煙熏妝、柳葉眉，公然地在外抽菸、喝酒，她們只為今天而活。

伴隨十九世紀末電影發明，到了一九二〇年代電視的技術研發也如火如荼地進行，接著進入一九三〇年代，好萊塢電影從無聲轉為有聲，從黑白走向彩色。在大銀幕上，女明星以魚尾窄裙等貼身服裝來凸顯性感線條，吸引了大眾的目光、引領流行，和上個世代成了極大的反差。那時正逢經濟大蕭條時期，當人們走出家門時，她們真切地想忘掉自己的困局，帶著熱情、令人愉悅的女性穿著，為當時的民眾提供了一劑忘憂帖。

隨後，第二次世界大戰來襲，大批男性戰死在沙場，女性不得不自力更生，離家工作。於是，一九四〇年代的女性拋開繁瑣的裙裝，換上方便工作的褲裝，補丁也成了當年的流行，反映戰後資源的匱乏。

「男軍裝，女工裝」的單一裝扮持續到四〇年代晚期，在社會氛圍和服裝設計師的努力下，極女性化的高級時裝宣告二戰真正結束。設計師以柔美風格、花卉、線條、圓點等設計元素，讓人們遭受戰爭重創的心靈回歸樂觀和寧靜。

一九五〇年代被譽為是「服裝史上最優雅的年代」，奧黛莉・赫本、瑪麗蓮・夢露即是這時代的代表人物，優雅、性感的迷人風情，創下難以超越的傳奇經典。

到了一九六〇年代，迷你裙之母——瑪麗官（Mary Quant）解放了女性穿著，加上阿姆斯壯登陸月球的壯舉，外太空的風格啟發了航向未來的設計，迷你裙、充滿未來感的漆皮成為當代主流。而另一位經典名模——崔姬（Twiggy），其芭比娃娃般的妝容、竹竿般的體態，也深深影響到當代女性「瘦才是美」的審美標準。

七〇年代，披頭四的中長髮、喇叭褲引領全球時尚文化，這就是我爸媽年輕時的打扮風格；八〇年代，出現「權力穿搭」（Power-dressing）

的風潮，隨著愈來愈多受高等教育或白手起家的女性進入男性職場，女性藉由穿上大墊肩外套、燈籠褲，搭配大耳環等亮眼首飾，展現自信。而我的母親就是當代的表象，創立了個人造型工作坊。接著是龐克風、街頭風，混亂美學說明了年輕世代的「徬徨無助感」與「及時享樂主義」，也激發出女性的創意·，九〇年代，股市狂跌，凱文·克萊（Calvin Klein）和湯姆·福特（Tom Ford）的簡約風大行其道。

九〇年代後，在超級名模（super model）無可挑剔的完美詮釋之下，混搭主義與個人風格興起，三〇年代的大領片、六〇年代的迷你裙，可以一起混搭穿上身。復古喇叭褲、極簡連身裙，也各人有所好。現代女性在乎的不是「現在流行什麼」，而是「如何穿出自己偏好的風格」，在穿著上不只講求品味和舒適，還要有個人辨識度。

而女性內衣的演變，更加可以看見近二十年來女性的自我覺醒。一九九〇年代「維多利亞的秘密（Victoria's Secret）」打造極其性感、豔麗的內衣，將品牌定位為「男性幻想的夢幻服裝」，吸引女性消費者購買，每年的品牌大秀都吸引無數男女的眼光。但到了這幾年，儘管「維多利亞的秘密」品牌聲勢不墜，在一線明星站台下，它的社群流量、網路聲量表現非常優異，但卻無法反映在實際的銷售額上。

反觀二〇一三年成立的美國新創內衣品牌「Third Love（第三愛）」，提供七十八種尺寸滿足不同身型女性的穿搭需求，讓女人無論身型是豐滿或纖細，都可以穿上舒適的內衣，享受專屬自己的內在美體驗。Third Love 在短短幾年間成為美國第三大內衣品牌，反映時代女性在工作、經濟、情感獨立的條件下，大多數在購買內衣時完全不會考量男人的觀感，「自己喜歡、覺得舒服」才是做決定的第一要件。

以上簡述的百年時裝演變，可以看出隨著經濟與文化的變遷，每一個年代的穿著都反映出當下的時局。人們透過穿著，或求機能，或展現社會地位，或是傳達個人特色等，都是一個時代紀念。兩性在社會中的標籤，在於當代憑著更多知識力量的累積、自我了解之下，透過更平和的溝通與相互尊重達成共識，我想才是我們一起共同努力的方向。

我很喜歡有「法律女王」之稱的美國大法官金斯伯格（Ruth Bader Ginsburg），在早年哈佛法學院五百多名學生中，她是九名女性的其中之一，一生為了兩性平權而倡議。打破了同工不同酬、單親爸爸無法爭取到當時「單親媽媽專屬」的育兒津貼、軍校入學限制等多項差別待遇的規定，並受到柯林頓總統提名，成為美國史上第二位女性大法官。金斯伯格六十多年來堅守的價值，一步步促使美國社會的轉型與變革。

面對當時活在專業象牙塔裡、對於女性不平等的待遇一無所知的男性法官們，金斯伯格勢必會感到相當挫折和無力，但是她說：「我媽媽教我當一個淑女，千萬不要動怒，因為吼叫會讓人感覺不舒服，要把握機會教育那些人，我常常覺得我像是幼稚園老師，在教導天真爛漫的男法官。」

動怒和放棄有個共同點，兩者都是把矛頭指向別人，認為問題是出在別人的身上。但我們需要的，是建立自己的內在機制，不設限地畫出人生藍圖，然後勇敢往前走，或者也可以繞道而行。

這個世界有很多的完美，需要在不完美中去創造，留意自己的思緒，是會影響行動與情緒的。抱怨是負能量的起頭，這是需要自律調整的重要習慣。想要突破現狀，我們必須與時俱進、伺機而動，無論大環境如何，我們都要清楚自己的方向和目標，並且不間斷地鍛鍊體力、淬鍊智慧。

當你不浪費時間在琢磨別人的眼光，不讓恐懼阻止你前進，決定要好好承擔自己選擇的人生，相信世界也會待你愈來愈友善。

愛情柏金包，不同款式的幸福

婚姻是很多人一生中的憧憬，也是人生階段的一個重要過程。幸福的婚姻可以滋潤人生，無法繼續的婚姻也會讓人付出相當的代價。全世界的平均離婚率高達五成，在此情況下，我想有更多的下一代需要父母用更成熟的溝通，來輔助孩子的未來在穩健的道路上邁進。

我六歲被送走到阿公阿嬤家時，還對父母的婚姻狀況一知半解，直到我上了國中後，有一次我在媽媽的抽屜裡發現一張被撕碎的結婚照，我才接受父母婚姻破裂的事實。那張照片的裂痕，始終刻在我的心上，破碎家庭的孩子往往較沒有安全感、對婚姻有莫名的恐懼。

然而，我身在的婚紗業卻是一種「幸福產業」，負責實現人們對婚姻最美麗的憧憬，望著一對對滿溢著甜蜜笑容的新人，讓我經常思考愛的意義與婚姻的本質。由於我們的工作是爲顧客籌備婚事，往往會在完婚後與顧客成為好友，或者彼此在社群會關注對方。我喜歡看著客人結婚、生子，每個可愛的天使一點一滴地長大，我想這確實是一種幸福。當然也有協商分開，後續一同以孩子為重，調整彼此關係，共同扶養的成熟父母。

在離婚率節節高升的時代，我們如何才能創造出自己的幸福？我在英國最後的論文報告〈英國新娘消費習性〉調查了英國新娘消費習性與趨勢，數據整合的結果發現，結婚潮大致落在兩個年齡層，二十三～三十五歲是一個高峰，另一個高峰是在四十～四十五歲，以高教育水準與高收入客群為主。

第一個高峰不難理解，看著社群媒體上光鮮亮麗的藝人歌手們紛紛步入禮堂，年輕人在大學畢業後，最重要的人生目標就是找工作和找對象，在生育時鐘的催促下，大多數人都會在三十五歲前步入婚姻。

而第二個高峰就比較吸引人去探討了，四十～四十五歲後結婚的人，大多是事業有成的高階經理人、高學歷女性，年輕時他們可能埋首工作，沒時間去經營感情，步入熟齡事業穩定後，在個人成熟度也相對提高下，他們反而有了成家的渴望。

這種趨勢反映了現代人對於婚姻擁有更多的自主權，晚婚甚至不婚，都是一種選擇，結婚沒有年齡限制，愛情也沒有保鮮期限，即使過了大眾所謂的「適婚年齡」也不用緊張，最好的說不定還在後頭呢！

在時尚產業裡，無論是透過閱讀或實際接觸的不少時尚名人，其中有兩位女性的愛情故事令我非常印象深刻：

愛馬仕的柏金包是不少名媛貴婦喜愛的收藏，而柏金包的設計繆思，來自於英國歌手珍・柏金（Jane Birkin）。當時她的名氣享譽歐洲，卻隨身帶著一只柳條編織的包包，愛馬仕總裁在一趟巴黎飛倫敦的飛機上遇到她，對她的包包感到很好奇，那時珍．柏金剛生下第二個女兒，她說她需要一個好看、容量大、具收納功能又耐髒的包款，但是卻找不到。於是愛馬仕總裁在飛機的嘔吐袋上，畫下柏金包的設計圖，催生出這款全世界最貴的包包。五十年後，柏金包的象徵和意涵已與珍．柏金小姐使用的方式和目的，有著天壤之別的差異。

在時尚文創史上為自己的快樂負責的女性，我想除了可可．香奈兒外，珍．柏金也從過去保守被動的愛情下，隨著嬉皮文化，奔放自由、主動追求愛情的精神中，綻放出朵朵花火的女性。抱著女兒，手上拿著為自己而生的柏金包，珍．柏金應該是全世界最幸福的女人了吧？

事實上，這是珍．柏金的第三次婚姻，她十九歲就結婚，生下一個女兒，離婚後，她帶著一歲女兒從英國到法國發展。儘管一句法文都不會，她卻獲選為電影女主角，並和男主角賽吉．甘斯柏（Serge Gainsbourg）展開一段十多年的纏綿戀情，她經常一手抱著女兒，一手牽著甘斯柏，在巴黎大道上散步。

然而，由於甘斯柏長期酗酒，珍・柏金還是在結婚十二年後，選擇離開他。之後，她再嫁給一名導演，生下第二個女兒，甘斯柏成了孩子的教父。儘管第三次婚姻最後還是以離婚收場，珍・柏金仍然不忘把笑容掛在臉上，她的座右銘就是「隨時保持笑容吧！這會讓妳年輕十歲。」

婚姻讓她有遺憾、有眼淚，卻也讓她成為充滿熱情、率性又自在的珍・柏金。婚姻失敗只是人生的一部分，錯誤經驗不代表錯誤的人生。

另外一個時尚界的奇女子，是珠寶品牌喬治傑生（Georg Jensen）的設計師薇薇安娜・朵蘭（Vivianna Torun），她曾為了一個異業合作的案子來到台灣，而我有幸與她同餐共席三次。

我遇見她時，她已經七十多歲，全身卻散發著優雅的氣質。她粗獷又滿有柔情的大手至今都讓我記憶猶存，因為長期從事銀器製作，她的手因為敲打創作下所累積的粗糙，卻又柔若無骨，溫柔又充滿力量，很多經典銀飾都是出於她的這雙手。

朵蘭奶奶也曾有過三段婚姻，她十八歲就跟一位丹麥籍新聞系學生結婚，並生下一個孩子，這段婚姻只維持非常短暫的時光；二十一歲時朵蘭奶奶嫁給一位法籍建築師並生下第二個孩子，這段婚姻維持了八年；朵蘭奶奶的第三任丈夫是一位非裔美國籍畫家，他們生下了兩個孩子，在三十八歲時，朵蘭奶奶再次恢復了單身。

以上分享珍．柏金和朵蘭奶奶的故事，是希望鼓勵離婚的女性或男性，還是可以努力發掘自己的下一個幸福。一路上，我所看見的女人婚姻故事不是只有單一的版本，不再只是「王子找到了公主，從此兩人過著幸福快樂的日子」，真實世界的婚姻還可以有很多版本，可能是相愛容易相處難、可能是跌倒了再爬起來，也可能是在對的時間遇見了對的人……婚姻有各種可能，非得親身經歷過，才知道箇中滋味，也才明白，失敗沒有想像中的那麼可怕，在愛情中跌跌撞撞，或許才能讓人學會真正的「去愛」、「被愛」與「愛自己」。

不管是單身或已婚，女人的光彩來自於自己的底氣。幸福的婚姻只是錦上添花，我們必須先擁有自己，把自己編織成一塊精緻的布料，並且找到自己的熱情所在，才能散發出獨特的光芒，活成自己喜歡的樣子。

如果你對於人生還有很多疑問，不曉得前方的道路該怎麼走，那就先靜下心來閱讀吧！在我們的周遭環境中，能夠認識到的人，其實都是一個固定的、循環的小型社會，沒那麼容易再注入新的觀點與學習新的事物。

但讀書，可以讀到每一個人的世界，培養出自我對話的機會與能力。**翻轉人生最快的方式，不是嫁入豪門，而是「不斷自學」和「堅持去做對的事」**。其中，閱讀是獲得系統性知識最快速、也最低成本的途徑，也是幫助我們開啟視野、累積文化的媒介。透過大量的閱讀，我們才能真的認識這個世界，認識不同的人、不同的思考模式，透過閱讀去領略生命中我們無法直接經歷的事物。閱讀是知識的基石，幫助我們從更高的角度去跨越困境；閱讀也是維繫自我關係的自律操練與習慣。

美國前第一夫人蜜雪兒·歐巴馬曾在演講中，向年輕女孩疾呼道：「沒有任何一個男孩夠可愛或夠有趣到值得妳為他放下書本。」我認為這句話適用於任何年齡的女性，別為了愛情放下書本；也可能因為閱讀，使你更懂得去愛人或愛自己。持續閱讀，持續進步，才能提升自己的眼界和品味，做出對的選擇，過一個沒有後悔的人生。

最美的婚禮，最好的婚姻

婚紗是一個可以看得到的夢想！無論是否要結婚，在我們服務環境下，時常看因為穿著花童服興喜若狂暴衝或大哭不願意換下小婚紗的小女孩們。婚紗有種讓人立刻感受到幸福的魔力，在穿上命定婚紗的那一刻，彷彿真的置身桃源。

在十九世紀前，新娘禮服並沒有統一的顏色，直到英國維多利亞女王在婚禮上穿了一襲潔白雅致的白紗，驚豔全歐洲，並將這股白紗風潮吹到全世界，從那時起，白色婚紗便成為一種正式的結婚禮服。對現代女性來說，婚姻不見得能夠和幸福畫上等號，但婚紗卻百分之百象徵著幸福，婚紗是女人可以掌握、看得見的夢想。

在婚紗產業服務，我時常可以看見人性最美的光輝，每一場婚禮都是愛情、友情、親情的完美交集，發生在客人身上、充滿愛的故事，往往讓我深受感動。每次看到婚禮進場時，爸爸牽著女兒出場的畫面，我都會忍不住紅了眼眶，再聽到平時一臉酷樣的「鋼鐵爸爸」們上台致詞，表達對女兒的不捨和濃濃的愛，更會讓我想起我天上的父親。

穿上婚紗，拍下美麗的照片，不只是婚禮的流程，更是一份珍貴的紀錄。在我爸媽離婚前，每一年我生日的時候媽媽都會安排去照相館拍一張紀念照，雖然只有五張，但到現在對我來說，都是珍貴的收藏與媽媽的用心。

我們公司也有很多客人會來拍家庭照，曾經有一位拍過婚紗照的客人，在結婚第二年再度回到我們公司，那時他的小孩剛出生，他說他要來拍「第一張也是最後一張」的全家福，因為他太太在懷孕過程中發現自己罹患了癌症，即將不久於人世……這讓我更加體會到拍攝家庭紀念照的意義。

我也不曾想過，原來拍家庭紀念照是一件這麼開心的事。生長在日治時代下的阿公、阿嬤，沒有體驗過現代華麗的正式裝扮，他們結婚六十週年時，我邀請他們來拍週年紀念照。當阿公穿上正式禮服、打上領結，看著鏡中的自己，阿公滿懷欣喜地握著我的手說：「小云，阿公一輩子沒有這麼帥過！」阿公像孩子般得意的笑容，是我從不曾在阿公臉上見過的。在阿公、阿嬤過世後，我把這組照片放在客廳的電視櫃前，紀念這對為我無私奉獻的「生養父母」。

婚姻的經營並不容易，根據我的觀察，大多十年是一個檻，很多夫妻都是在婚後近十年，決定放飛彼此，近年來離婚夫妻的婚齡也有逐年下降的趨勢，結婚不到五年就離婚的比例漸漸升高，婚齡超過三十年以上的離婚人數也愈來愈多。

是什麼讓一對夫妻從相遇、相知、相交、相惜，最後卻走上離婚一途？我想當中每個過程都有不能省略的講究。

想要擁有幸福的婚姻，最重要的關鍵，就是要遇到「對的人」，在他面前，你可以暢所欲言，有種回到家的感覺。在長時間的相處下，你漸漸了解他的過去，認識他的每一個面貌，也對他的生活方式有所了解。若他的生活和價值觀都是你可以接受的，才會進入到「相知」的階段。

而從相知到相互交託一生，確定對方就是自己的終身伴侶，需要經過時間的淬鍊。愛的醞釀、發酵、沉澱、昇華需要時間，我認為在愛情初始的前三年，彼此之間的感情頂多只能稱之為「喜歡」、「欣賞」、「互有好感」，到了第四年，才能累積出「愛」的厚度和重量。

愛不是一見鍾情、心動或感動，真正的愛是承諾和付出，是把對方的需要放在自己之前，但同時也擁有自我的智慧，這些都是自己要維護的，而且不會感覺自己是在「犧牲」。若沒有經過時間的加持和考驗，你怎能確定這個人值得你傾心付出？又怎能確定這個人會為你付出而不求回報？

我曾經遇過一位男客人，透過網路搜尋到他覺得最信任的公司後，他隻身一人來到我們的婚紗門市，因為他希望能夠讓他的未婚妻穿上最好的婚紗，所以他瞞著未婚妻，自己先偷偷來「視察」，如果覺得滿意再帶未婚妻來；我也看過一些準新郎，直到拍照前一刻才出現，在那之前，所有的前置作業、婚紗挑選，都由新娘一個人包辦……

判斷一個人有多愛你，「時間」是一個很重要的依據，愛你的人，一定會願意花時間在你身上，忙不可以是理由，因為任何時間都是有辦法被安排出來的。

投入時間與行動，才能維繫婚姻。很多人把婚姻當成賭注，賭輸了，再重來一次就好；也有人把婚姻當成投資，期待在婚姻裡能享受「賺到了」的感覺。

而根據我的觀察，很多令人羨慕的婚姻，都是因為夫妻雙方把婚姻當成是「創業」，把家庭當成企業認真地經營。因為懂得珍惜彼此，他們會花時間溝通，為家庭制定規則、規範和文化，也經常開會討論，共同參與家裡大大小小的決定。企業首重績效，當夫妻把家庭當成共同的事業，他們不會只「過一天算一天」、「維持損益兩平」就好，他們會制定目標和計畫，不斷追求成長突破，讓家裡的每一位「股東」都能獲利，也透過美滿的家庭關係為自己的人生加值。

托爾斯泰曾說：「幸福的家庭大抵相似；但不幸的家庭，卻有各自不同的故事。」

我時常在婚紗門市看到現代家庭的百態，想當然耳，會來我們公司的大多數是幸福和樂的家庭，若是家人關係不好，他們根本不會想要同框照相。而這些幸福家庭的確都很相似，夫妻都非常尊重對方，也都很願意花時間在家人身上。

我記得曾經有一組家庭，新娘帶著媽媽來挑選丈母娘禮服，沒想到當媽媽在試穿禮服時，新娘的爸爸竟然無預警地出現，他不是來看女兒，而是來看太太的。當他看到太太穿著禮服從試衣間走出來時，他的眼神比許多年輕的新郎更加熾熱，老夫老妻隔空放電，簡直比新婚夫婦還要甜蜜。我從新娘爸爸的眼神中，看見了「珍惜」。

婚姻這條路，從「執子之手」到「彼此偕老」，「珍惜」是最重要的破關密技。「相知」之後，還要「相惜」；「相惜」比「相愛」更難得，也唯有「相惜」，才能克服種種相處上的瓶頸。

但光有「珍惜」還不夠，因為人會成長、人會變，想一想，我們小時候視如珍寶的玩具，不也在我們長大之後，被束之高閣甚至丟棄了嗎？在不同的人生階段，會想去追求不同的事物。因此，夫妻除了珍惜彼此，還必須要有共同的目標，雙方的方向一致，才能攜手走到終點。

我認識一對夫妻，兩人都在時尚與科技業裡都頗有成就，在我印象中，他們花了很多時間在工作上，在公司的時間比在家的時間還要多。透過社群關注，看到他們在婚後，隨著孩子的出生，他們希望給孩子不同的教育環境，於是舉家搬到宜蘭，放棄高薪，每天養花種田，日出而作、日落而息，他們說，這就是他們想要的生活。孩子與父母在與大自然的相處下，是另一種與身心靈潛移默化的深刻影響。由此可見，夫妻要有一致的價值觀和目標，才能在人生每個岔路口、轉彎處，都不放開對方的手。

美國大法官金斯伯格的婚姻生活在法律界也被傳為一大佳話。金斯伯格的先生馬丁（Martin D. Ginsburg）是哈佛法學院畢業的高材生，原本在紐約執業，是在商界很有聲望的稅務律師。但是他卻為了支持太太走進最高法院，從紐約搬到華盛頓，放下工作在家擔任「家庭主夫」，因為他認同太太在兩性平權法學上的貢獻，守護憲法和捍衛人權價值，是他們夫妻倆一致的共同目標。

當馬丁接受媒體採訪，主持人問他如何經營幸福婚姻時，馬丁幽默地回答：「維繫婚姻的方法在於：我太太從不干涉我在廚房的事。」其實，我覺得馬丁才是真正有氣度的男人，因為他擁有足夠的自信，互補並各取所長，成就了彼此與家庭。

所謂「愛的藝術」，就是清楚對方和自己的原則，給對方想要的，而不是給自己想給的，如此便能在關係中創造正向的循環。談戀愛的階段需要步步為營；我父親生前，在我第一次交男朋友的時候，他第一次用嚴厲的口氣告訴我：「要自重。」我一開始聽不明白，但最後，我才知道，是要尊重自己的身心與給予對方的尊重。結婚後更需要時時用心，男女都需要耕耘自己的內外美貌。

很多婚姻之所以會失敗，是因為夫妻都過於忙碌、以自我為中心，不願放下成見去傾聽對方的想法，在表達時又言不由衷，漸漸虧負了彼此、失去了共同目標，婚姻彷彿只剩下柴米油鹽，一切都只是為了孩子在忍耐……

擁有美滿的婚姻不容易，但也不是不可能。我想，每個女人在穿上白紗的那一刻，都希望自己能夠永遠幸福快樂，然而，天長地久並不是理所當然。當我們把自己視為有理想的創業家，找對合夥人，一起經營婚姻大業，彼此都願意投入時間精力不斷創造價值、傳遞願景、調整腳步，追求全體雙贏和共好，相信我們必定會嚐到幸福回甘的滋味，也會在婚姻的磨合塑形下，成長為更好的人。

阿嬤的夢想

米蘭昆德拉說：「人類一思考，上帝就發笑。」那麼，當人類做夢的時候，上帝又是做何反應呢？

談起夢想，每個人無不眼睛發亮，夢想是支撐我們前進的重要力量。

偶爾出席企業二代的聚會，常會聽見好友彼此談論著未來的願景，例如：年度營業額成長、力拚上市上櫃、拓點開發市場……這是台灣許多中小企業二代共同的夢想。

而一般大眾的夢想，恐怕也脫離不了買房子、買車子、成家立業、功成名就……在資本主義盛行的社會中，大多數人的夢想都與金錢、工作成就相關。

在我所受的教育中，似乎也一直被教導著要會賺錢、要在職場上展現優秀的工作能力。好像非得在社會上有一番大作為，才符合新時代女性的典範，才是一位有大格局的夢想家。若是身為一位二十一世紀的女性，受了高等教育卻對工作沒抱負，一心只想結婚生子，很可能會被認為「思想落伍」、「埋沒才華」、「書都白唸了」？

在現今如此開明、摩登的社會氛圍中，我們究竟是有了更多的選擇，不管去擁抱哪一種夢想都不會被嘲笑？還是我們其實別無選擇，只能跟著時代的浪潮往前衝、往上爬？

每次面試新進人員時，有時候我會問她們：「妳的夢想是什麼？」

有人說：「我想要年薪百萬。」這在我們公司是有可能達標的。

也有人說：「我希望可以跟我男朋友結婚。」

還曾經有應徵者很誠實地告訴我：「我沒有夢想。」

後來，我才知道她父親嗜賭，她賺的錢幾乎都拿去替父親還債，她說不出口的夢想，就是希望有一天父親能不要再賭博。

我認為，每一種夢想都是夢想，沒有哪一個夢想，比另外一個夢想更優越，只要那是妳「真心想要實現」的夢想。

當總統是夢想，當媽媽也是夢想；治國、平天下是夢想，減重五公斤也是夢想。**無論妳的夢想多麼不起眼，只要那是妳真心想要的，就值得被在乎、值得去實踐**。

常常聽人說：「現在的年輕人只有小確幸，沒有大夢想。」但我認為，**很多大夢想，都必須從小確幸出發**。每天認真地生活，珍惜身邊的人，去付出、去給予，就能在小確幸中創造出大格局。如同天才棒球選手鈴木一朗的名言：「實現夢想，就是不斷完成和累積每一件微不足道的小事。」

夢想面前，人人平等，因為每個人的夢想都尚未被實現。追求大夢想，沒有小確幸是不行的，因為太過專注在遠大的夢想，反而會錯失在眼前閃耀的光芒，即使有天達成目標，回望人生也僅是一片荒蕪和空虛；相反的，在小目標上保持雄心，埋頭苦幹並以此為榮，才能藉著完成一件件微不足道的小事，累積出豐盛、快樂的人生。

每當提起夢想，我總是會想起我的阿嬤。

從小養育我長大的阿嬤，是日治時代典型的台灣女性。阿嬤在國小一年級的時候就失去了父親，於是她放棄學業，和母親一起賣肉粽，拉拔弟妹們長大。結婚後，阿嬤一邊照顧家庭，一邊在桃園機場開日本伴手禮店，還經營得有聲有色。

直到我爸媽離婚後，阿嬤為了照顧我，把店關起來，全心撫養我長大。在我記憶中，阿嬤是一位勤勞、溫暖、熱情的人，對人永遠給予親切的笑容。每天早上，阿嬤都會跪在地上把家裡的每一吋地板擦拭乾淨，家裡的飯桌上總是擺著各式台南小吃和阿嬤的手路菜。阿嬤的炒米粉是世界級的味道，她想要家裡每一個人都吃得飽飽的，而她自己永遠都是最後一個才吃飯的人。

只有阿嬤會細心保存我滿月時穿的衣服，留下我小時候做的紙黏土。想起當年，阿嬤從抽屜裡拿出我滿月時穿的小襪子，像是拿出她珍藏的寶藏一樣，阿嬤臉上那抹燦爛的笑容，我會一直記在心裡。

阿嬤沒有高言大志、沒有豐功偉業，阿嬤的付出看來都是舉手之勞，但是她每一個小小的愛的行動，卻一點一滴匯聚成河，在我們的心海裡激起無限漣漪，直到今日都還鼓勵著我們。

阿嬤用她的一生讓我知道，我們就是她的夢想。是阿嬤透過她微不足道的夢想，成就了現在的我們，讓我們可以持續追逐夢想。

一個女人用一生守護一個家，一代接一代，這難道不是一個極美的夢想？

這個世界從不缺乏夢想，因為這個世界已經有太多龐大的夢想，所以我們的夢想只需對自己交代。

無論是拯救世界或是等待超人來拯救自己、成為一個有用的人或是有趣的人，抑或是手沖一杯咖啡、畫一張圖、讀完一本書，或者是開一家店、到一個從未去過的地方探險、穿上夢幻的婚紗……任何一個夢想都可以是夢想。況且你我的夢想，大多都是一百年前的女性，連想都不敢想的夢。

讓夢想自由的飛翔，別限制它的形狀！人生不一定要擁有夢想，暫時找不到夢想，還是可以好好生活，但如果你有夢想的話，請你理直氣壯地去完成它。因為**唯有你從心選擇，你才會擁有屬於自己的快樂。**

後記——回家

一切的契機是二〇二一年四月在索卡藝廊與瑞士銀行協助下舉辦的義賣畫展，因為短暫四天的豐富感人回應，打開了我寫書的動機與行動，希望透過我的故事，帶給讀者共鳴與幫助。在此過程當中，反而開啟了我與自己的對話、面對與療癒之旅。

感謝天父的引領；我母親的栽培愛護，帶給我國外教育的機會，使我在海外與許多天使邂逅、相遇，也讓我從小耳濡目染在美學與營管環境中，不斷精進內化。

詹姆斯．希爾曼（James Hillman）的《靈魂密碼》（*The Soul's*

Code）是我最喜歡的前三本書之一，當中列舉許多人物案例，主旨在於「所有的發生，都是為了成就自己生命中想要完成的夢想。」其中茱蒂・嘉蘭（Judy Garland）在短暫四十七年的生命中，留下了經典名曲〈Over the Rainbow〉（彩虹之上），讓世人有旋律陪伴著盼望彩虹的到來。

一路上，有許多人是我深深感謝的，沒有你們的陪伴，我走不了這麼遠。

Mrs. White、Mr. White、Tsugu、Shino、Ojisan、Annie 阿姨、鄧爸、Ping、LeiLei、Dolly、Erica、David、Amy 姊、Uncle Edgar、Uncle Eric、Cliff、Kelly、顧牧師、顧師母、玉君姊、彬慈、蕊姊、Buffer、Mic、Alex、Jackie、阿公、阿嬤、姑婆、爸爸與嘟嘟……

謝謝你們在我夜空裡，成為每顆閃亮的星星，陪我走過每個春、夏、秋、冬。

最近，我突然憶起了一個我四、五歲，曾經遺忘的畫面：

那是一個下著大雨的晚上，爸爸媽媽帶我去電影院看超人電影，電影散場時下起了滂沱大雨，雨量一下升高到腳踝，爸爸把我揹起來，我整個人依偎在爸爸的背上，覺得爸爸的肩頭好寬大、好堅實，媽媽在旁邊為我們撐傘，我們三人一起走路回家……那是我唯一記得的一幕，一起回家的記憶。

拾起這份記憶時，我眼眶濕了，嘴角卻上揚。

直到現在，我仍在回家的路上。那個夢想中的家，或許永遠到不了，多少愛與痛找不到解答，成長的路途難免會有遺憾，但我相信，只要一路向著有光的地方前行，我們就能去到更美的家鄉。

感激一路相伴的你、妳、祢……

期盼你看完這本書，你也會想一步步地走回家。

smile 188

和你，遇見最初的自己

從心出發，定義自己的幸福

作者｜黃湘云 Melodie Huang
責任編輯｜ J.C Chen
封面設計｜初雨有限公司
內文排版｜簡單瑛設

出版者｜大塊文化出版股份有限公司
105022 台北市南京東路四段 25 號 11 樓
www.locuspublishing.com
服務專線｜ 0800-006-689
電話｜（02）8712-3898
傳真｜（02）8712-3897
郵撥帳號｜ 1895-5675 戶名／大塊文化出版股份有限公司

法律顧問｜董安丹律師、顧慕堯律師

總經銷｜大和書報圖書股份有限公司
地址｜新北市新莊區五工五路 2 號
電話｜（02）8990-2588

初版一刷｜ 2022 年 8 月
定價｜新台幣 450 元
ISBN ｜ 978-626-7118-81-8

Printed in Taiwan

國家圖書館出版品預行編目 (CIP) 資料

遇見，最初的自己：從心出發，定義自己的幸福
/ 黃湘云著 . -- 初版 . -- 臺北市 : 大塊文化出版
股份有限公司 , 2022.08
248 面；14.8×21 公分 . -- （smile ; 188）
ISBN 978-626-7118-81-8（平裝）

1. 自我實現 2. 生活指導 3. 女性

177.2 111010510